Collection
Pour en finir avec

Collection **Pour en finir avec**

Inégalités, exploitations, dominations, pollutions... si aujourd'hui les constats catastrophistes se multiplient, les «faiseurs d'opinion» et les universitaires – souvent de gauche – dissimulent systématiquement les racines de l'oppression sous un vernis réformiste et misérabiliste. La collection **Pour en finir avec** développe des analyses radicales qui ébranlent les situations d'aliénation que nous vivons au quotidien.

DERNIÈRES PARUTIONS DES ÉDITIONS L'ÉCHAPPÉE

COLLECTION DANS LE FEU DE L'ACTION

_*RAF. Guérilla urbaine en Europe occidentale*
ANNE STEINER ET LOÏC DEBRAY, 2006

_*Panthères noires. Histoire du Black Panther Party*
TOM VAN EERSEL, 2006

_*La Révolte luddite. Briseurs de machines à l'ère de l'industrialisation*
KIRKPATRICK SALE, 2006

COLLECTION POUR EN FINIR AVEC

_*Pour en finir avec le sexisme*
GUILLAUME CARNINO, 2005

_*La Tyrannie technologique. Critique de la société numérique*
COLLECTIF, 2007

COLLECTION DANS LA MÊLÉE

_*C'est de la racaille? Eh bien, j'en suis!*
ALÈSSI DELL'UMBRIA, 2006

_*Résistances irakiennes. Contre l'occupation, l'islamisme et le capitalisme*
COORDONNÉ PAR NICOLAS DESSAUX, 2006

COLLECTION ACTION GRAPHIQUE

_*CARtoons. Le cauchemar automobile*
ANDY SINGER, 2007

_*Subversion. L'art insoumis d'Eric Drooker*
ERIC DROOKER, 2007

CONTRE LES JOUETS SEXISTES

COLLECTIF

ÉDITIONS L'ÉCHAPPÉE

Des membres et sympathisant-e-s
de l'association Mix-cité et du Collectif contre le publisexisme ont participé à l'écriture collective de cet ouvrage, notamment :
Aude, Axelle, Colyne, Émilie, Frédérique, Guy, Isabelle, Laetitia, Leila, Louis, Maria, Marine, Pauline, Raphaëlle, Renaud, Sébastien, Sylvie et **Virginie**.

Nous refusons de camoufler les filles et les femmes sous le masculin dit « générique » et avons préféré adopter une graphie égalitaire. Ainsi, nous parlerons d'« un-e enfant » pour désigner un ou une enfant, de « petit-e-s » pour désigner les petits et les petites, d'« éducateurs-trices » pour les éducateurs et éducatrices, etc.

ÉDITIONS L'ÉCHAPPÉE
130 rue Saint-Maur, 75011 Paris
lechappee@no-log.org
www.lechappee.org

graphisme **atelier des grands pêchers**
avec **Adrien Labbe**
(atelierdgp@wanadoo.fr)

correction **Aude Le Breton**

dépôt légal **4e trimestre 2007**
isbn **978-2-91583012-5**

impression **Corlet**

N° d'impression : **119654**

INTRODUCTION

L'APPRENTISSAGE DU SEXISME

« La France est un pays moderne. En France, les femmes et les hommes sont égaux... », voici ce que l'on entend.

En 2007, l'Assemblée nationale comptait 18 % de femmes et 81 % d'hommes, alors que la presse saluait la féminisation de cette nouvelle Assemblée. Le pourcentage de femmes a fait un « bond » en passant de 12 % en 2002 à 18 % en 2007. En réalité, c'est un saut de puce.

Les hommes restent donc très largement majoritaires à l'Assemblée et en politique en général. Il existe un bon test pour l'égalité femmes-hommes : inverser les questions pour voir si on constate une symétrie dans le raisonnement. Que dirait la presse s'il y avait 81 % de femmes à l'Assemblée nationale ?

Ceci n'est qu'un exemple qui contredit la croyance pourtant largement répandue sur l'égalité conquise entre les femmes et les hommes, en France et, en général, dans les pays occidentaux.

Rappelons quelques inégalités symboliques : dans une très large majorité de cas, c'est le père qui transmet son nom à l'enfant – le nom de la mère disparaît, et la plupart des femmes mariées continuent à être encouragées à abandonner leur nom de naissance pour adopter celui de leur mari. Les femmes seront questionnées d'autorité sur leur vie privée et sur leur statut civil à travers « Madame » et « Mademoiselle », choix obligé, omniprésent sur les formulaires administratifs et commerciaux, alors que rien d'approchant n'est demandé aux hommes.

Mais les inégalités qui subsistent ne sont pas seulement symboliques ! Dans le domaine du travail, la discrimination salariale des femmes persiste et on parle toujours de « plafond de verre »[1] et de « plancher collant » pour les carrières des femmes. Les femmes sont majoritaires dans les emplois précaires, à temps partiel imposé, elles se concentrent dans des filières bien moins nombreuses et moins rémunératrices que les hommes. À diplôme égal, elles n'ont ni les mêmes emplois ni les mêmes promotions qu'eux. Le salaire moyen des femmes est de l'ordre de 75 % du salaire moyen des hommes[2].

Dans le domaine domestique aussi, l'égalité est encore loin : les femmes continuent à exécuter les deux tiers des tâches ménagères[3], et elles s'accordent beaucoup moins de temps libre. Dans les situations de violences conjugales, ce sont très majoritairement les femmes qui subissent de la part de leurs (ex-)compagnons des violences physiques allant jusqu'à la mort. En 2006, l'enquête nationale sur les décès au sein du couple montrait qu'en France une femme décède tous les trois jours sous les coups de son (ex-)compagnon[4].

Dans tous les domaines de la société moderne, on retrouvera des inégalités qui montrent une persistance du système patriarcal : l'organisation de la société, où l'homme domine la femme, où la femme est son auxiliaire, son complément.

Bien entendu, les discours qui entourent ces déséquilibres ont tendance à s'appuyer sur une prétendue « nature » différente des femmes et des hommes[5] pour justifier les inégalités et indirectement défendre le patriarcat*.

L'inégalité enseignée aux enfants

Les enfants, par conséquent les adultes de demain, seront-ils, seront-elles, moins sexistes ? Est-ce qu'ils-elles construiront une société plus égalitaire ? Pour répondre

* Le « patriarcat », ainsi que certains autres termes techniques, sont définis dans le glossaire, en fin d'ouvrage.

à cette question, on doit se demander quelle éducation leur est dispensée, quels sont les supports qui participent à leur construction du féminin et du masculin et comment ces enfants perçoivent la société.

Avant tout, on peut déjà constater une chose : les toutes petites filles comprennent très vite que le fait d'adopter des comportements ou des jeux à connotation masculine leur est reproché comme une transgression (« Quel garçon manqué, celle-là ! ») ; parallèlement, les tout petits garçons comprennent encore plus vite que le fait d'adopter des comportements ou des jeux à connotation féminine les dévalorise (« Ça fait fille ! »). Les enfants comprennent donc très tôt deux choses qui vont structurer la construction de leur personnalité et leur perception du soi et de l'autre. La première, c'est qu'il est important pour les adultes de distinguer les filles et les garçons ; la deuxième, c'est qu'il y a une hiérarchie et qu'il vaut mieux être un garçon qu'une fille.

En grandissant, les enfants comprennent peu à peu que, à l'intérieur de la catégorie « filles » et de la catégorie « garçons », il y a les bons et les mauvais, et qu'il faut s'efforcer de devenir « une bonne fille » et « un vrai garçon ». Mais pour savoir ce qu'est exactement « une bonne fille » et « un vrai garçon », c'est plus compliqué : les enfants tâtonnent et, la plupart du temps, sauf rares exceptions, elles-ils vont tenter de décoder tous les indices que les adultes et les autres enfants leur fournissent pour se mettre en conformité.

Les indices que leur donnent les adultes vont bien souvent dans le même sens : les enfants reçoivent une foule d'informations explicites et implicites sur comment doit être une fille et comment doit être un garçon, sans laisser beaucoup de choix et sans tenir compte de la diversité des tempéraments et des personnalités. Selon ces stéréotypes, les filles sont douces, coquettes, soumises, aiment s'occuper des enfants, jouer à la dînette, elles sont discrètes, patientes, ne revendiquent pas grand-chose pour elles et ne sont pas intéressées par le pouvoir, l'autorité, la science, l'aventure, la politique, etc. Les garçons sont agressifs, forts, remuants, curieux, attirés par le sport, les voitures, la technique, le risque, le pouvoir, demandent plus d'attention de la part des adultes, ne sont pas attirés par le soin des enfants, par les tâches méticuleuses, n'ont pas de patience, etc. Ces différences sont pratiquement toujours présentées comme des constats : ce sont en réalité des injonctions. Gare à celles et ceux qui s'en écartent, les adultes et les pairs vont soit les considérer comme des déviants, soit tenter de les remettre dans le droit chemin. Ces normes de genre sont transversales à toute la société, en particulier dans les livres destinés aux enfants.

L'univers sexiste des albums jeunesse

Présents à la fois dans les familles, les écoles, les bibliothèques et les centres culturels, les albums illustrés de fiction pour la jeunesse ont un statut non négligeable : ils apparaissent comme des supports privilégiés du processus d'identification. C'est notamment à travers les histoires que les filles et les garçons apprennent les rapports sociaux entre les sexes. Or, la plupart des albums continuent à véhiculer des représentations très stéréotypées.

Les analyses quantitatives sont à ce sujet intéressantes : il y a deux fois plus d'albums présentant un héros plutôt qu'une héroïne[6]. De plus, les garçons sont prédominants dans les titres des histoires et ils apparaissent plus souvent que les filles sur la page de couverture. Dans ces conditions, l'identification de l'enfant au héros ne se fera pas de la même manière si ce dernier est une fille ou un garçon.

À travers l'étude de 537 albums, l'association européenne Du côté des filles a approfondi ce constat[7]. Les auteur-e-s de cette étude montrent que les lectrices et lecteurs sont encouragé-e-s de mille façons à accepter les caractéristiques psychologiques et les comportements que l'on présente comme « typiques » et « naturels » de l'un et de l'autre sexe. En fait, le lexique symbolique des images les instruisent très précocement sur les rôles sexués dans la famille et dans la société. Dans les dessins, un élément visuel récurrent, comme le tablier, par exemple, symbolise le rôle féminin : le ménage, l'entretien de la maison et le soin des enfants. Mais aussi, du travail qui, lorsqu'il est masculin, est économiquement productif (traiteur, couturier, etc.), alors qu'il devient gratuit ou de moindre valeur quand il est féminin et réalisé dans le cadre de la famille patriarcale (cuisiner, coudre, etc.)[8]. Au total, dans les albums, rares sont les femmes qui ont un statut professionnel valorisé. On compte une seule femme cadre parmi les 537 albums étudiés, ainsi qu'une seule avocate et une seule reine qui gouverne son royaume. En revanche, on trouve une quantité importante d'hommes rois, ministres, médecins, scientifiques, historiens, écrivains, policiers, etc., des métiers liés au pouvoir[9].

Dans les images de ces ouvrages, on retrouve les oppositions traditionnelles entre les sexes. Il s'agit des différences entre les espaces « intérieur / extérieur », « privé / public » et entre les rôles « passif / actif ». Les filles sont le plus souvent représentées à l'intérieur de la maison plutôt qu'à l'extérieur, dans un lieu privé plutôt que public et dans des attitudes plus passives qu'actives. L'héroïne qui incarne à merveille ce modèle est la fameuse Martine, en particulier dans l'album *Martine petite maman,* de Gilbert Delahaye[10]. On y voit une petite fille qui aime s'occuper de son petit frère, cuisiner, nettoyer, et qui n'aspire à aucun autre horizon que celui de sa maison[11]. Cette collection, qui a vu le jour en 1954, continue à faire un tabac en librairie : chaque année (en comptant seulement les parutions francophones), plus d'un million d'albums sont vendus.

Au final, les résultats de ces études sont sans appel : l'univers de l'album est stéréotypé et désavantage les filles, c'est un monde où la mixité et la parité sont très rarement à l'œuvre.

Ce bilan ne concerne malheureusement pas seulement les albums. Il vaut aussi bien pour les manuels scolaires et parascolaires que pour les romans ou les contes. Dans sa thèse de doctorat, Hélène Montardre[12] met en relief la persistance des stéréotypes sexistes dans les romans. Comme dans les albums, les narrateurs masculins sont aussi majoritaires ; l'espace extérieur et la reconnaissance sociale sont dévolus aux hommes, alors que l'intérieur et le soin aux enfants constituent des attributs féminins. On peut en dire autant des films d'animation pour enfants, des films jeunesse, des émissions télévisées et des jeux vidéo. Le monde dans lequel les enfants se construisent est globalement un monde sexiste, un monde où les filles et les garçons ne jouent pas à armes égales.

Questionner la construction du genre

Nous nous inscrivons dans un courant de pensée féministe qui considère que les différences entre les sexes sont socialement construites. Lorsque l'on croit parler des deux « sexes », on parle en fait des deux « genres ». Le genre féminin est une construction sociale qui est associée, dans notre culture, aux femmes, de même que le genre masculin est associé aux hommes : femmes et hommes sont donc du même coup définis par cette bipartition.

Parler de « genre » permet d'éviter l'écueil des arguments « naturalisants » qui font croire que les différences construites socialement à un moment donné seraient naturelles. Simone de Beauvoir écrit ainsi dès 1949 que : « On ne naît pas femme, on le devient »[13]. En effet, ce qui appartient au genre masculin à un moment donné peut très facilement appartenir au genre féminin à un autre moment de l'histoire, ou dans une autre culture. On peut prendre l'exemple des études littéraires en France, longtemps réservées aux hommes, véritable symbole de masculinité – seuls les hommes pouvaient écrire et comprendre la littérature, une écrivaine perdait sa féminité symbolique –, alors que, de nos jours, les filières littéraires sont largement féminines. L'attrait pour la littérature est bien lié au genre, sinon, que faudrait-il conclure sur l'évolution du sexe biologique durant les deux derniers siècles ?

Parler de « genre », montrer sa dimension sociale et consensuelle à un moment donné de l'histoire d'une culture, mettre au jour ses mécanismes contraignants et ses stéréotypes, permet de déconstruire l'inégalité. Et de rendre possible une construction sociale différente qui ne serait pas fondée sur la hiérarchie actuelle des genres. Reconnaître que le « genre » féminin est socialement construit permet aux femmes de sortir de cette contrainte et d'inventer une identité bien plus complexe. Notre analyse des jouets vise en premier lieu à rendre visible la dimension idéologique des injonctions que l'on fait subir, parfois inconsciemment, aux enfants. Interroger les fausses évidences et bousculer certains tabous nous semble indispensable si l'on veut construire une société plus égalitaire.

Le jouet, en tant qu'objet social, est marqué par les inégalités de la société dans laquelle il s'inscrit. Dans le cadre de cet ouvrage collectif, notre regard s'est porté exclusivement sur le sexisme dans les jouets, mais ceux-ci sont traversés par d'autres rapports de domination; ainsi, ils véhiculent des valeurs racistes, âgistes[14] et classistes[15] qui participent de la reproduction de stéréotypes et de rapports d'exploitation que nous condamnons tout autant.

POURQUOI LES JOUETS SONT POLITIQUES

On peut définir le jouet comme un objet en volume qui, combiné ou non à des règles, sert de point de départ et de stimulant au jeu enfantin. Le jeu, lui, est immatériel, c'est une activité qui peut reposer sur un objet spécifique ou qui peut « fabriquer ses objets, en détourner d'autres de leur usage ordinaire, faire feu de tout bois, sans avoir besoin d'outils »[16]. Parce qu'il est destiné au divertissement des plus jeunes, on considère généralement que le jouet est anodin et inoffensif. Or, en tant qu'objet culturel et social, il ne peut être neutre. Comme l'explique Gilles Brougère, le jouet est un « message à manipuler », « un système de significations et de pratiques produites par ceux qui le diffusent comme par ceux qui l'utilisent, qu'il s'agisse de l'offrir ou de jouer »[17]. Le jouet révèle les relations entre le monde des adultes et celui de l'enfance, entre parents et enfants, entre la production et la consommation, etc.

Les jouets sont, tout d'abord, culturellement marqués. Ils varient suivant les sociétés (entre aujourd'hui et hier, entre l'Europe et l'Amazonie, etc.), suivant les classes sociales (entre un quartier chic et une banlieue pauvre) et suivant le genre du destinataire (entre une fille et un garçon).

Le jouet est politique sur au moins quatre dimensions. Premièrement, C'est un instrument de socialisation des enfants, un support d'apprentissages sociaux multiples (relations avec les pairs, imitation des activités des adultes, etc.). Deuxièmement, le jouet est l'enjeu de rapports de force entre les enfants et les adultes responsables de leur éducation (parents, éducateurs, etc.). Troisièmement, le jouet représente un marché qui pèse de plus en plus lourd économiquement, le marketing et la publicité s'intensifiant autour de l'enfant pour influencer ses choix[18]. Enfin, le jouet oriente les compétences culturelles de l'enfant en cultivant des capacités physiques, psychiques et/ou émotionnelles spécifiques. Il conduit l'enfant vers les valeurs reconnues par la société où il-elle vit. Finalement, à travers le jouet, l'enfant « s'approprie, intériorise les rôles des adultes, les modalités d'interaction entre les personnes, les systèmes de règles instituées, les normes et les valeurs de notre société »[19].

Un objet ludique et affectif

Dans notre société, où les loisirs occupent une place capitale, surtout pour la jeunesse, la fonction purement ludique des jouets peut sembler la plus essentielle. Chaque jouet induit un certain degré de liberté et d'imagination. Les enfants peuvent utilisent les jouets tels que les adultes l'ont prévu, mais on peut observer que lorsqu'ils-elles sont entre eux, les enfants n'agissent pas forcément comme les adultes l'imaginent[20]. Elles-ils se réapproprient le jouet et en changent la fonction. Parfois, cela paraît difficile : une console de jeux pourra difficilement servir à autre chose qu'à jouer avec les jeux compatibles. Par contre, une petite fille peut décapiter son poupon pour le transformer en monstre. Mais va-t-elle être félicitée pour sa créativité ou grondée parce qu'elle aura, au fond, subverti la vision des adultes ? La « poupée-bébé » (à la différence de la poupée-mannequin) possède, en effet, une charge symbolique forte : parce que l'on projette sur lui l'image du nourrisson, cet objet appelle une relation maternante. Il semble qu'un-e enfant n'est donc pas entièrement libre de faire ce qu'il-elle veut de ses jouets.

Offrir un jouet à un-e enfant, c'est lui manifester son affection. Comme l'a décrit la sociologue Sandrine Vincent, le jouet permet de révéler la relation qu'entretiennent les membres ou proches de la famille avec l'enfant. Il sert aussi de marqueur de « la mémoire individuelle ou familiale » (tel jouet est un souvenir du grand-père, par exemple). Mais le don de jouets de la part du parent peut aussi faire l'objet de rapports de force, « de négociations ou de transactions ». Il peut être investi « comme un objet de pression, de chantage, voire de répression », rappelle Sandrine Vincent[21].

Certains parents font entendre des justifications pour expliquer leur non-choix des jouets : *« Mon fils-ma fille a envie de ce genre de jouet. Je n'y peux rien... »*. Le désir des enfants ne surgit pas toujours de lui-même. D'une part, les enfants (comme les adultes) désirent souvent ce qu'ils connaissent déjà (il est plus difficile de désirer quelque chose dont on ne connaît pas l'existence...), c'est-à-dire les jouets avec lesquels ils sont en contact, chez leurs camarades, dans les médias ou dans les rayons des grandes surfaces. D'autre part, le marketing rodé et agressif qui prend aujourd'hui les enfants pour cibles est là pour séduire, susciter le désir et aiguiller ces derniers dans des codes préexistants.

Un produit de consommation

Dans la société de consommation, qui crée des besoins artificiels, la production de jouets n'est pas neutre[22]. L'industrie du jouet fait aujourd'hui partie de la culture de masse enfantine, un secteur en pleine explosion, sur lequel certaines sociétés, comme Disney, ont bâti leur empire[23]. Le marché du jouet ne cesse de croître, avec une valeur de plus de 17 milliards d'euros, pour l'Europe, en 2002[24]. L'industrie du jouet connaît aujourd'hui une mondialisation rapide dominée par les multinationales américaines, le plus gros fabricant et exportateur de jouets au monde étant la Chine. La France, deuxième consommateur de jouets en Europe, est un gros importateur[25] et 63 % de ses importations de jouets proviennent d'Asie[26]. Les *sweatshops* (« ateliers de la sueur ») chinois des sous-traitants des grandes marques (Disney, Mattel, notamment) exploitent essentiellement des jeunes femmes, paysannes et peu scolarisées. Outre leurs salaires de misère, leurs conditions de travail sont scandaleuses : heures supplémentaires non rémunérées, manipulation de substances toxiques sans protection, horaires inhumains, atteintes aux libertés syndicales, absence de congés maternité, retards de payes, etc[27]. Le collectif De l'éthique sur l'étiquette a mené une série de campagnes pour dénoncer cette exploitation et sensibiliser la population au sujet des jouets achetés de 1995 à 2001.

Non seulement les jouets peuvent être produits dans des conditions abjectes, mais ils peuvent aussi se révéler dangereux pour les jeunes utilisateurs. Des centaines de milliers de produits du géant américain du jouet Mattel ont ainsi dû être rappelés à l'été 2007 pour des problèmes de sécurité[28].

Comme le souligne Pierre Bruno, « les phénomènes de masse touchent à la question fondamentale des valeurs transmises par une société à ses futurs citoyens »[29]. Les jouets n'échappent pas à cet état de fait. Ils transmettent ainsi des valeurs caractéristiques de notre société de consommation, notamment l'importance des marques et la fascination pour les « nouvelles technologies ». Au début des années 2000, le marché du jouet français se développe en effet autour de la licence (qui permet la diffusion de produits dérivés). La multiplication de marques enfantines apporte ainsi une plus-value marchande aux produits issus de l'industrie du textile ou de l'alimentaire. Quant aux jouets technologiques, les jeux vidéo occupent déjà une part grandissante dans les jouets achetés (ils représentaient plus d'une dépense sur six en 2005[30]). On constate également une mode pour les jouets-robots et les « compagnons interactifs », la catégorie de jouet dont les ventes augmentent le plus (45 % d'augmentation en 2006[31]). Apparaissent ainsi des jouets technologiques pour bébés, comme la console de jeu Vsmile Baby (VTech), dès neuf mois...

Au-delà des jouets, les enfants sont porté-e-s à adopter les valeurs à l'œuvre dans ce qu'ils-elles perçoivent du monde qui les entoure : violences envers elles/eux et représentations violentes dans les médias, mépris et ignorance des opprimé-e-s et des marginaux-ales, racisme, survalorisation de héros sanguinaires et « surpuissants », etc. Les valeurs sexistes sont, elles, omniprésentes et particulièrement centrales dans les jouets, comme nous allons le voir.

Les jouets *ne sont pas seulement l'affaire des enfants*. Ce sont bel et bien des objets politiques : médiateurs entre le monde des enfants et celui des adultes, ils font partie intégrante de notre société et participent à son élaboration, présente et future. Nous pensons qu'il est de notre responsabilité de remettre en question la consommation et la production de jouets, et la culture que nous transmettons à travers eux, en particulier le sexisme.

LE SEXISME
DANS LES JOUETS

PETIT HISTORIQUE DU SEXISME DANS LES JOUETS

Les premiers jouets semblent remonter au IIIe millénaire avant J.-C.[32]. Les fouilles archéologiques ont ainsi révélé l'existence en Mésopotamie d'objets qui ressemblent à des jouets : statuettes, animaux et outils miniaturisés. On ignore cependant si leur unique fonction était le jeu des enfants. Ces jouets semblent avoir eu une nette connotation religieuse, dans la mesure où ils devaient servir à protéger l'enfant. C'est notamment le cas en Égypte où les hochets bruyants accrochés par un lien aux poignets étaient censés repousser les mauvais esprits. La pratique d'offrir les jouets de l'enfance aux divinités une fois que l'on avait atteint l'âge de la puberté se retrouve en Égypte, en Grèce et à Rome.

Les fillettes de l'Antiquité grecque jouaient avec du mobilier miniaturisé et des poupées – qu'elles offraient ensuite aux dieux à l'occasion de leur mariage afin d'être fécondes –, les garçons avec des petits bateaux ou autres moyens de transport et des animaux. On a aussi retrouvé des jouets comme des toupies, des osselets, des yo-yo, etc. Certaines tombes d'enfants de seigneurs de l'époque médiévale contenaient des balles, des toupies et de minuscules répliques d'objets de la vie adulte. À cette époque, on enseignait aux garçons la guerre, à l'aide de chevaux de bois et d'arcs miniaturisés pour faciliter leur utilisation, et aux filles à rester au foyer. Il existe peu de traces de tels jouets dans les autres ordres de la société. Les pauvres ne disposaient que de jouets qu'ils pouvaient confectionner elles et eux-mêmes dans leurs rares moments de distraction – jouets fabriqués avec des matériaux périssables. Aucune tradition de fête

« n'imposait » alors la nécessité de faire des cadeaux aux plus jeunes.

L'historien Philippe Ariès explique que les enfants, au Moyen Âge, sont considérés comme de véritables petits adultes : il n'y a pas de réelle conscience de la particularité enfantine. Dès que l'enfant franchit l'âge de forte mortalité qui limite l'attachement parental (autour de six ans), il-elle se confond alors avec les adultes. Il n'existe ainsi encore aucun vocabulaire spécifique pour les enfants.

Le terme jouet, orthographié « jué », apparaît pour la première fois dans un écrit datant du début du XVIe siècle. Les jouets ne sont néanmoins pas réservés aux enfants. Au contraire, les poupées datant de la Renaissance sont dotées de riches accessoires et considérées comme des objets de collection pour les adultes – aristocrates et bourgeois.

C'est seulement au début du XIXe siècle que l'enfant en vient à être considéré différemment de l'adulte. Le jouet est désormais associé au jeune âge. La fabrication des jouets passe de la production artisanale à la production industrielle et leur prix de revient diminue. Les soldats de plomb, poupées et petites automobiles se multiplient, tout comme l'institution des cadeaux, notamment à Noël.

Le père Noël avec sa hotte remplie de présents est une invention très récente. Inspiré du religieux saint Nicolas, ce personnage voit le jour dans un poème écrit à Noël en 1822 par le théologien Thomas Clark Moore. Il sera représenté pour la première fois en 1863 dans une revue, habillé de blanc et se déplaçant en traîneau. Ce n'est que dans les années 1930 qu'il sera popularisé par la firme Coca-Cola, paré de son costume rouge garni de fourrure et nanti de son air jovial et bon vivant. Malgré de vives réactions de la part de certains milieux religieux, le personnage païen s'impose peu à peu pour devenir incontournable à travers le monde.

Les stéréotypes de couleurs associés aux enfants (rose pour les filles, bleu pour les garçons) apparaissent également très récemment dans l'histoire. Il s'agirait d'une pratique amorcée en Italie en 1929 par une sage femme de Bologne utilisant des rubans colorés pour marquer la naissance d'un petit garçon[33]. Les jouets, ainsi que leur environnement, ont suivi cette mode.

Au cours du XXe siècle, la baisse du prix des jouets les a popularisés dans les pays industrialisés, ce qui a eu pour effet d'accroître la quantité de représentations sexistes inculquées aux enfants.

LES JOUETS DU PREMIER ÂGE

Rose bonbon, bleu ciel : dès la naissance, petites filles et petits garçons sont habillé-e-s de façon différente. Les enfants sont ainsi genrés très précocement, par les vêtements mais aussi par l'éducation qu'ils-elles reçoivent. En effet, avant même que les enfants n'aient conscience d'appartenir à tel ou tel sexe (ils et elles ne conçoivent pleinement la différence des sexes que vers l'âge de trois ans[34]), une éducation différenciée leur est donnée. Il est vrai que rien ne vaut un conditionnement précoce pour qualifier ensuite de « naturels » certains comportements ou traits de caractère.

L'environnement de la chambre, les couleurs, les décors, les vêtements présentent généralement une adéquation avec les codes de genre. On décorera la chambre des petites filles d'une frise « princesse »[35] tandis que les murs de la chambre des petits garçons seront ornés d'une frise « chevalier » ou « transport » – des décors, selon le catalogue Fnac Éveil et Jeux, « qui plairont à coup sûr à votre petit garçon lorsqu'il les découvrira sur les murs ou sur les meubles de sa chambre ». Une mère s'exprime sur la frise princesse : « Ce sont des décors très appréciés par les petites filles, mais aussi par les mamans qui gardent une âme d'enfant à travers ces adorables décors ». Cherche-t-on à satisfaire les désirs de l'enfant ou ceux des adultes ? Les nouveaux et nouvelles né-e-s sont particulièrement attiré-e-s par les objets à toucher, à sentir, à voir... qu'ils soient bleus ou roses leur est probablement indifférent !

Les jouets du premier âge sont également marqués par une différenciation selon le sexe du bébé. Aux nouvelles-nées, il faut un téléphone musical qui raconte des comptines sur les fleurs ; aux nouveaux-nés, le même objet parle des animaux de la ferme[36]. La peluche, jouet enfantin par excellence car il symbolise la douceur et la tendresse (deux valeurs archétypales de l'enfance), reste unisexe, semble-t-il, pendant les premières années de l'enfant. Cependant, sa couleur, l'expression de sa tête, le fait qu'elle représente un animal réaliste ou imaginaire, qu'elle soit un produit dérivé ou non, sont autant d'indices qui indiquent le genre concerné. Dès 18 mois, les garçons sont invités à jouer sur le « tapis route » : « C'est un rêve de petit garçon », clame la publicité. Au même âge, la nourrissonne aura droit à une poupée « légère, souriante et agréable au toucher [qui] saura séduire sa future petite maman ».

Lorsqu'un ou une adulte met entre les mains d'une toute petite fille la poupée premier âge Mélodie Rose (Corolle) et entre celles d'un bébé garçon « Mon premier garage » (Berchet, dès 18 mois), il ou elle lui offre une vision sexiste du monde et l'enferme dans des stéréotypes étriqués. Certain-e-s légitiment l'usage des jouets sexistes en soulignant le fait que « les enfants sont libres de choisir ». Or, les enfants choisissent leurs jouets d'abord pour se conformer au rôle que l'on attend d'eux-elles. Selon le psychologue Pierre Tap, « l'enfant en vient donc à aimer ce qu'il a le droit ou la possibilité de posséder, à apprécier les jouets qui peuvent être siens, et à rejeter les jouets qui ne font pas partie de son champ d'appropriation »[37]. Les jouets sexistes participent donc directement et dès le plus jeune âge à la construction de la féminité et de la virilité, des modèles stéréotypés qui sont non seulement de véritables entraves à l'épanouissement personnel et social de l'enfant, mais également à celui de la société tout entière.

LA CONSTRUCTION DE LA FÉMINITÉ

L'opération consistant à façonner une enfant en fille-femme soumise était décrite dès 1971 par Germaine Greer dans l'ouvrage *La Femme eunuque*. Elle y montre comment s'effectue la « castration psychologique » de l'enfant de sexe féminin. Celle-ci en sortira « pleurnicharde, autodestructrice, passive », ce qui permettra de dire ensuite que ce comportement est la preuve d'une nature féminine spécifique. En réalité, ce comportement est le résultat d'une construction sociale – précisément ce que l'on nomme la féminité. Ce travail de dépréciation qui doit conduire la fillette à se résigner à jouer un rôle subalterne dans la société. Le livre de Elena Gianini Belotti, qui cite les travaux d'Irène Lézine[38], nous montre en outre par quel mécanisme, au bout de quelques années de « dressage à la délicatesse », les petites filles peuvent en arriver à retourner leur agressivité contre elles-mêmes.

Beaucoup de jouets et de jeux paraissent a priori neutres, c'est-à-dire pas particulièrement destinés à l'un ou l'autre sexe. Cependant, ces jouets sont bien souvent faits pour les garçons. On voit ainsi parfois à côté d'un jouet « neutre » sa déclinaison « spécial fille », indiquant par là que le premier est en fait pour les garçons. La séparation entre garçons et filles n'a rien d'équitable : le masculin représente la norme et le féminin la différence. D'après Georges Falconnet et Nadine Lefaucheur[39], « les filles reconnaissent [les valeurs d'agressivité, aventure, action, compétition, domination, etc.] comme étant celles des garçons, mais aussi comme étant les valeurs dominantes de la société ; elles savent qu'elles rêvent de trains électriques, de petites voitures et de soldats plus que leurs frères ne rêvent de poupées, de dînettes ou d'aspirateurs miniatures. » Elles sont donc plus enclines à s'approprier des jouets traditionnellement destinés aux garçons[40].

Parmi les jouets offerts aux petites filles, on peut distinguer quatre catégories, qui correspondent aux rôles que l'on attend d'elles une fois adultes : la mère, la ménagère, la femme séduisante et l'amoureuse. Ces orientations sont directement liées aux rôles qu'elles devront « jouer » une fois adultes. Les jeux et les jouets des filles constituent une partie de l'apprentissage de leurs futurs rôles de femmes, qui sont dévalorisés. Il est donc logique que les petits garçons ne s'y intéressent que rarement, et qu'ils soient raillés lorsqu'ils le font.

1. La maternité

L'un des rôles majeurs que la société patriarcale confie aux femmes est celui de mère. Celui-ci implique non seulement d'enfanter, mais aussi d'élever les enfants. L'argument de l'instinct maternel sert à justifier le fait que toutes les femmes sont amenées à devenir parent. Mais ce prétendu instinct qui porterait à s'occuper des enfants n'est-il pas plutôt encouragé par une éducation à la maternité, qui se fait également par le jeu ? De fait, on inculque ce rôle maternel très tôt aux petites filles via des jeux d'imitation, où elles font « *comme Maman* ».

Les baigneurs, poupons et poupées, de facture souvent très réaliste (et représentant généralement des bébés blancs), occupent ainsi la plupart des pages « filles » des catalogues. Ils sont quasiment tous proposés à partir de trois ans. Ces poupons de taille presque réelle boivent, font pipi, pleurent, balbutient, sucent leur tétine. Et quand ils-elles « parlent », leur vocabulaire contient bien évidemment le mot « maman », mais visiblement jamais « papa » ! Elena Gianini Belotti[41] note que non seulement on offre des poupées aux petites filles, mais qu'on leur apprend également à les bercer. Ainsi, « Théo, poupon [de] 52 centimètres, corps articulé, [...] exprime des émotions, parle et agit comme un vrai bébé. Interactif avec ses accessoires » (Berchet, dès 3 ans).

À côté des poupons, les fillettes se voient proposer une multitude d'accessoires hyperréalistes. Des landaus et poussettes (à trois ou quatre roues, individuelles ou doubles, etc.) aux couffins et autres sièges auto et chaises hautes, jusqu'aux vêtements et accessoires de bain, sans oublier biberons et sucettes, voire les cosmétiques pour bébé et son tapis d'éveil (!), en passant par la baignoire et le coin cuisine spécial bébé, rien n'est oublié. Les fillettes ont à leur disposition une nursery complète pour le poupon, et deviennent ainsi familières du type de soins que nécessitent un tout-petit, dans presque tous leurs détails. Ainsi, pour peu qu'elles aient des petit-e-s sœurs ou frères, elles passeront encore plus vite du jeu à la réalité.

Dans la lignée de l'élevage[42] et de l'éducation des enfants, on propose aux petites filles de jouer à la maîtresse ou à l'infirmière. « Si j'étais la maîtresse » (Amulette) est une panoplie présentée dans une boîte rose illustrée par la photo d'une petite fille. Toutes les phrases sur la boîte sont accordées uniquement au féminin : « Les accessoires nécessaires pour jouer seule ou à plusieurs à la vraie maîtresse d'école ».

Les soignantes sont légion, parmi les panoplies ou dans des jeux comme Playmobil : infirmière, garde-malade, sage-femme. Mais quand un médecin ou un secouriste – souvent équipé d'un moyen de transport puissant – est représenté, il s'agit d'un homme. Aux filles les professions donnant les soins au quotidien, aux tout-petits ou aux parents âgés – des professions socialement dévalorisées –, aux garçons les professions prestigieuses nécessitant un savoir scientifique ou une maîtrise technique[43].

Cette avalanche de jouets proposée aux filles concernant la maternité ne serait-elle pas pour quelque chose dans leur « désir d'enfant » une fois adulte ? Et le fait que ces jouets soient explicitement présentés comme ceux des filles et d'elles seules ne participe-t-il pas du fait que les hommes s'impliquent bien moins que les femmes dans le soin et l'éducation des enfants ?

2. Les tâches domestiques

En France, les tâches ménagères au sein des foyers sont toujours effectuées à 80 % par les femmes. Vu les jouets que l'on offre aux petites filles, ce n'est pas très étonnant ! De façon significative, dans la maison bourgeoise de Playmobil, la cuisine et la buanderie sont occupées par des femmes. Et dans *Le Manuel des filles* édité par Nathan, les deux cent cinquante activités proposées, quand elles ne tournent pas autour de la « beauté », sont réparties entre « cuisine », « décoration » et « fêtes ».

Tout ce qui touche à la cuisine est très présent dans les jouets d'imitation : dînettes et cuisinières toutes équipées (Berchet, Smoby, etc.), sont proposées dès 3 ans. Les petites filles peuvent également se voir offrir toute une panoplie d'ustensiles de cuisine miniatures à la pointe : des robots-mixeurs (Éveil et Jeux), des réchauds, des égouttoirs (Écoiffier), des lave-vaisselle ou des fours à micro-ondes (Just Like Home, Playgo). Elles trouveront ainsi peut-être « naturel » plus tard que les « vrais » ustensiles leurs soient réservés afin de faire la cuisine pour toute la famille au quotidien.

Au rayon fille, on trouve aussi des ustensiles-jouets pour la lessive et le ménage, bien que leur attrait « ludique » soit beaucoup moins évident. Dans les catalogues et les magasins, on découvre des mini-planches à repasser (Just like Home, Smoby), des lave-linge (Klein), des aspirateurs (chariot aspirateur Cool Cook, Écoiffier, Play Go), des fers à repasser (Just like Home), etc. Certains commentaires qui accompagnent ces articles sont plus qu'explicites : l'aspirateur et le chariot de ménage « *pour aider Maman* » (catalogue de La Redoute 2006). Une petite fille qui réclame un aspirateur ne fait que reproduire la division sexuelle du travail dans la famille.

Parmi les métiers prônés dans les jouets pour filles, outre les domaines du soin aux personnes et de l'éducation, on trouve celui du ménage : en 2006, le catalogue de Toys'R'Us présentait un chariot « professionnel » de ménage, poussé (pour plus de réalisme ?) par une petite fille noire[44]. D'autres professions sont offertes en exemple, les marchandes et les caissières : caisses enregistreuses avec tout le nécessaire, tapis roulants et copies de produits industriels sont proposés (Mattel, Smoby, Just Like Home, etc.). Dans la réalité, ces professions sont fortement féminisées et s'apparentent aux tâches domestiques « traditionnellement » effectuées par les femmes[45].

3. La beauté

Les jeux consistant pour une fillette à « se faire belle », « se pomponner », soi-même ou via sa poupée et sa tête à maquiller-coiffer, visent principalement à lui apprendre la séduction, l'art de faire de son corps un objet désirable. Belotti souligne à ce titre qu'il arrive que l'on réprimande un garçon pour ses excès de brutalité mais que l'on ne reproche jamais à une petite fille d'utiliser la séduction, les minauderies, etc. – bref, la ruse des opprimées. En fait, la séduction est au contraire perçue comme tout à fait normale et la multitude de jouets destinée aux fillettes et axée sur le maquillage, la coiffure ou la mode montre que l'on cherche à les y encourager.

Les poupées mannequins sont l'emblème de ce type de jouets, et parmi elles la plus célèbre : Barbie. Celle-ci apparaît aux États-Unis en 1959 et arrive en France en 1963 où elle n'est, au départ, pas très bien accueillie. Un distributeur décide malgré tout de créer une filiale française en 1972, et vend la poupée en supermarché. Son succès est retentissant.

Aujourd'hui, les fillettes commencent très tôt à utiliser la poupée mannequin pour jouer. Celles qui habitent Paris arrêtent de s'y adonner vers 8 ans tandis qu'en milieu rural, cette période se poursuit jusqu'à 12 ans[46]. Cependant, les fillettes y restent attachées plusieurs années après avoir cessé d'y jouer. Marie-Françoise Hanquez-Maincent explique, dans *Barbie. Poupée totem*[47], que les techniques marketing de Mattel, en particulier à travers les « courriers personnels » et le « Club Barbie » (des spécificités françaises), induisent une forme de dépendance affective.

Les produits dérivés sont nombreux : vélos, miroirs, coffrets de maquillage et autres déguisements. En plus de coiffer et d'habiller leurs poupées, les petites filles se voient aussi proposer tout ce qu'il faut pour en faire autant sur elles-mêmes. Barbie est une véritable institution, qui touche la majorité des fillettes occidentales. En Italie, on atteint le chiffre de 96 % ! Il s'en vend une toutes les six secondes dans le monde.

« Objet-femme » pour future « femme-objet »

Barbie demeure l'emblème de l'aliénation au modèle stéréotypé de la féminité. Cet « objet-femme » procède à un véritable formatage identitaire. La poupée maquillée, blonde aux cheveux longs, entièrement glabre, possède des mensurations surnaturelles : si on ramène les proportions de la Barbie à une taille d'1,77 mètre, on trouve des mensurations irréelles (91 cm - 54 cm - 79 cm). Quand bien même celles-ci ne l'empêcheraient pas de tenir debout, la taille de ses pieds lui interdirait de marcher ! De plus, tous les modèles de figurine arborent un sourire permanent, comme pour signifier que le rôle des femmes est d'être toujours aimable, pour embellir le monde...

Le devoir de beauté

Les métiers les plus répandus chez la poupée-star, à laquelle la fillette est portée à s'identifier, restent mannequin ou chanteuse. Occupations à travers lesquelles la petite fille est invitée à mettre en avant son apparence, sa plastique et son corps. La principale activité des personnages-poupées féminins est de changer de tenue, de sac à main, de chaussures – exclusivement à talons (leurs pieds sont d'ailleurs figés en demi-pointes) –, etc. On note que, parmi sa foule d'accessoires, on ne trouve jamais un seul livre.

Chez Barbie, la valeur et la reconnaissance de soi passent exclusivement par le corps. Évidemment, le modèle qu'elle véhicule participe activement à la valorisation des formes élancées devenues l'actuel idéal féminin en Occident (et bientôt partout sur la planète). Les vraies mannequins, maigres, deviennent des injonctions au régime pour toutes. Ce qui n'est pas sans lien avec les problèmes d'anorexie (pouvant aller jusqu'à la mort) chez les adolescentes, mais aussi les femmes adultes[48]. Le culte obsessionnel de la minceur et de la jeunesse est aussi entretenu par la publicité et les magazines. Ce qui pousse de plus en plus de femmes et de jeunes filles à avoir recours à des opérations chirurgicales pour des raisons esthétiques[49].

La célèbre poupée et ses nouvelles condisciples enseignent aux filles le « devoir (social) de beauté » qui incombe à leur genre. En effet, une part importante de leur rôle est d'être « belles », c'est-à-dire appétissantes aux yeux de ceux qui bénéficient du droit de les jauger et, le cas échéant, de les consommer (ou de les reléguer à d'autres tâches dégradantes ou jugées comme telles), c'est-à-dire les hommes hétérosexuels.

La fillette découvre ainsi dès son plus jeune âge les artifices de séduction qui ne pourront que lui apparaître « naturels » à l'âge adulte. S'occuper de son physique devient une condition obligatoire pour séduire, qu'il s'agisse de chaussures à talons ou des régimes pour « affiner la silhouette », du maquillage, des bijoux, des soins de la peau, des cheveux, etc.

Les poupées mannequins de la marque Bratz amplifient encore les attributs tels que : la minceur, bouche et yeux disproportionnés et ultra-maquillés, vêtements très « tendance », etc.

Lorsque des activités ou jeux « créatifs » sont proposés aux petites filles, leur finalité reste en général orientée vers la mode et l'apparence. Dans des boîtes systématiquement roses, on leur suggère de dessiner des robes (« Dress up set » par Disney-Magic artist, « Fashion set », « Atelier de la mode » par Kerlude), de fabriquer des bijoux (« Majclicks » : kits de bijoux, perles, etc. ; métier à tisser par Disney-Ravensburger), voire des cosmétiques (« Crèmes et senteurs » par Sentosphère – Science et Création), ou encore de décorer leurs chambres (« Room decor set »). Les activités manuelles des filles (hors travaux domestiques évidemment) devraient visiblement se réduire aux domaines de la beauté, de la coiffure, des accessoires et des bijoux. *Le Manuel des filles*, de Nathan, propose deux cent cinquante activités, essentiellement dans ces quatre domaines !

Le numérique aussi

Si la plupart des jeux vidéo mettent en scène la guerre, l'aventure ou le sport, et visent plutôt les garçons, certains sont néanmoins tout particulièrement destinés aux filles. Ils se repèrent par leur jaquette (rose, bien sûr). Les scénarios peuvent être centrés sur des activités de « filles » : dans le jeu mettant en scène les poupées Bratz, quatre femmes lancent leur magazine de mode. Dans d'autres cas, si l'histoire consiste comme souvent à lutter contre des ennemis maléfiques, tout l'art est dans la manière : le jeu Winx Club (3 ans et plus) propose explicitement aux petites filles de « combat[tre] le mal avec élégance ». Il est en effet bien précisé que le « mode multijoueur sans fil » s'adresse à « six amies maximum ». De plus, elles pourront (entre deux combats ?) « change[r] de tenue et [en créer] de nouvelles dans le placard magique ».

Les sites Internet sont de nouvelles armes qui conditionnent les jeux des petites filles : le Net devient un espace où l'on se retrouve « entre filles » pour des activités « virtuelles » proprement féminines. Sur le site de Barbie, par exemple[50], on peut acheter des produits Mattel et, surtout, se mettre soi-même en scène dans un univers virtuel « fun et fashion », tout en apprenant à consommer « féminin ». Les jeunes internautes sont invitées à créer leur avatar (un personnage féminin jeune et sexy), à meubler leur chambre et à rencontrer leurs amies. Dans l'univers de Barbie Girls, on fait du « shopping », on adopte un animal (et on lui achète des accessoires), on gagne des B Dollars « en jouant au jeu », on se fait des amies au club de beauté. « Mode, plaisir, amitié, tout se passe sur Barbie Girls », tel est le slogan du fabricant.

Sur le site de Bratz[51], plus modeste, les fillettes sont invitées à envoyer les photos de leur personnage mis en scène, à consulter leur horoscope, à élire... la plus belle tenue, à suivre la série télé Bratz, etc. À travers la fréquentation des sites de jouets, il ne s'agit ni plus ni moins que d'éduquer les fillettes à consommer ensuite les produits « pour femmes ».

Jeux et activités en extérieur

Contrôler son apparence ne suffit pas, il faut aussi maîtriser son attitude et ses mouvements. Dans les cours d'école, garçons et filles s'amusent de façons bien distinctes et séparées. Les filles jouent à la corde à sauter, à l'élastique, à la marelle... Toutes ces activités très ritualisées et délimitées dans l'espace consistent à faire du sur place, seule ou par petits groupes. Georges Falconnet et Nadine Lefaucheur notent, dans *La Fabrication des mâles*[52] que « sont plus spécialement destinés aux filles les jeux d'adresse, où on rivalise "d'habileté", et qui demandent un espace assez réduit et relativement peu de déplacements ». S'agit-il de laisser la place aux joueurs de foot et autres bagarreurs ?

Les vélos destinés aux enfants sont pour la plupart « neutres », c'est-à-dire qu'ils ne semblent pas destinés spécifiquement à l'un ou l'autre sexe. Mais on remarque aussi quelques exemplaires roses, donc explicitement attribués aux filles. Tous les autres ne leur étaient donc pas destinés ?

Dans un livre titré judicieusement *C'est génial d'être une fille* (Fleurus), à la page « activité physique », on apprend que, si se dépenser est nécessaire, la danse permet aux filles de le faire « gracieusement et en musique ». Bouger d'accord, mais si possible sans trop transpirer, sans mouvements agressifs, en bref, tout en féminité. Beaucoup de sports sont extrêmement genrés, à commencer par les plus populaires d'entre eux en France, le football et le rugby. Les filles qui les pratiquent ne sont-elles pas généralement vues comme des « garçons manqués » ?

On peut remarquer que des jouets récents mettent en scène des personnages féminins conduisant des véhicules motorisés. La machine est alors présentée comme un objet utilitaire ou comme un accessoire de mode, et non comme un attribut de puissance. La voiture décapotable de l'univers Polly Pocket, par exemple, sert à aller bronzer au bord de la plage. De plus, c'est une voiture magique : « Une superbe voiture passe dans un lavomatic miraculeux : aimantée, elle va ressortir customisée ! », dit le catalogue. Une héroïne enfantine comme Dora l'Exploratrice, qui s'adresse aux tout-petits, montre aussi comment les stéréotypes sexistes savent se moderniser. Ce personnage dynamique n'hésite pas à conduire un hélicoptère ou un camion. Pourtant, ces actes restent très féminins : sa tâche est de protéger tel animal faible ou de retrouver un « bracelet de l'amitié » égaré. De par ses fonctions éducatives (elle enseigne des rudiments d'anglais aux jeunes téléspectateurs), Dora se présente comme une grande sœur. Les nombreux produits dérivés Dora prouvent par ailleurs que ce personnage s'adresse exclusivement aux filles : couleur rose omniprésente, robes, culottes...

Ne voit-on nulle part des personnages féminins évoluant dans les mêmes sphères que les hommes et qui sont leurs égaux ? Il existe bien la figure de la guerrière, présente dans les jouets « garçons ». Elle compense cependant son comportement peu féminin par une surenchère de féminité sur le plan de l'apparence. Autrement dit, ces figures de femme combative et puissante sont forcément sexy. Le personnage féminin « virilisé » par son agressivité doit montrer qu'il reste soumis à la dictature de l'apparence : dans les jouets, le personnage de femme adulte ne semble pas pouvoir échapper au statut d'objet sexuel.

Limiter l'espace qu'elles occupent, contrôler leurs gestes pour obtenir un résultat plus esthétique qu'efficace, limiter l'affrontement physique, voilà ce qu'apprennent les filles dans les jeux d'extérieur et les sports qu'elles sont encouragées à pratiquer. Si les activités plus violentes proposées aux garçons ne sont *a contrario* pas forcément à encourager, c'est l'enfant, en fonction de sa personnalité, qui devrait pouvoir se tourner vers tous les jeux et jouets possibles sans peur de reproches, de critiques ou de marginalisation.

4. Les sentiments

Dans le système patriarcal, la vocation de la femme est de prendre soin des autres, d'entretenir le foyer et de plaire aux hommes. Le rôle féminin repose finalement sur l'abnégation. Et celle-ci trouve sa légitimation dans une certaine vision de l'amour. L'« amour » permet de justifier le sacrifice de soi, le dévouement et le temps passé à s'occuper des autres. Il permet de rendre acceptable ce qui ne l'est pas : la domination, le mépris, l'absence d'estime de soi.

On soigne les bébés, les animaux, les malades, son mari... parce qu'on les aime. Les jouets préparent les petites filles à évoluer dans un univers où l'« amour » sous toutes ses formes est la valeur première. L'expression des émotions positives (la joie, l'affection, la tendresse, etc.), encouragée chez tous les jeunes enfants, devient à partir d'un certain âge un trait proprement féminin. À travers le maternage des poupées, mais aussi des animaux, et les relations d'amitiés entre filles, les fillettes s'approprient le langage des sentiments et de la sensibilité.

Le grand amour

Les jouets inculquent aux fillettes l'attente du grand événement de leur vie : l'amour avec un grand « A », celui qu'elles éprouveront pour un homme (forcément viril, autrement dit puissant). Elles apprennent que c'est lui qui va leur permettre de se réaliser en tant que femme. Et que seul le regard masculin peut valider l'existence de la femme et la rendre heureuse (comme si elle ne pouvait l'être par elle-même). « L'éducation donnée aux petites filles [...] les pousse à se voir comme des êtres incomplets et à attendre un homme miraculeux et unique. »[53] Le couple et la famille sont des rêves, avant de devenir plus tard une raison de vivre.

Les innombrables jouets qui mettent en scène des personnages de princesses entretiennent l'illusion que le bonheur suprême c'est l'« amour », cristallisé dans une belle robe, un beau cavalier et une belle fête. Le fantasme du mariage comme « plus beau jour de sa vie » apparaît bien comme la suite logique du rêve de petite fille de devenir princesse.

Ainsi, on éduque les petites filles à donner la primauté aux sentiments amoureux. Malheureusement, l'amour est « un système de pratiques qui ne peut être extrait du système des rapports sociaux, inégalitaires, entre les sexes ». Dans les relations affectives aussi, on retrouve une dissymétrie entre les femmes et les hommes. Le sociologue Michel Bozon a identifié ce qu'il nomme la « division sexuelle du travail affectif » : la relation se passe sur le modèle gestionnaire/utilisateur. « La femme est celle qui se préoccupe du bon fonctionnement de la relation, l'homme restant sur son quant-à-soi. Cette limitation de la remise de soi du partenaire masculin manifeste moins un trait psychologique spécifique des hommes qu'il n'exprime un trait de la domination masculine, la volonté de rester hors d'atteinte, la peur de la dépendance. »[54]

L'amitié

En attendant son prince charmant, la petite fille est invitée à développer ses capacités affectives à travers les relations d'amitié... entre filles. Car si l'école est mixte depuis plus de cinquante ans, l'amitié fille/garçon n'existe pas dans les jouets pour filles. La culture dite aujourd'hui « girlie » est très valorisée : on se retrouve entre pairs, pour se donner mutuellement des conseils sur les relations, la beauté, la mode, la séduction, et discuter « amour ». Bref, cultiver les comportements féminins les plus stéréotypés. De nombreux jeux de société instituent ces échanges : dans le Girly Quiz, jeu de société de questions-réponses s'adressant « exclusivement » aux filles (de 8 à 14 ans), la gagnante est « celle qui aura été la plus perspicace, la plus observatrice, la plus "psychologue" pour deviner la personnalité et le choix de ses amies »[55]. Un autre jeu de société, Secret Girls (Habourdin), « le Jeu des révélations et des confidences », encourage les fillettes à construire des relations fondées sur l'empathie, la recherche d'un alter ego. Le bavardage creux et le colportage de ragots sont élevés au rang d'institution dans BarbieGirls.com, de Mattel, « un monde où on se dit tout sur tous ». Le message transmis par ces jeux est clair : l'amitié ne peut s'appuyer que sur des relations affinitaires quasi narcissiques. On apprend aux filles à rechercher la communion, voire la fusion avec l'autre. La confrontation, la colère, la brutalité, l'hostilité n'ont pas droit de cité. Tout au plus, la tristesse et la jalousie entre amies peuvent assombrir, toujours temporairement, cet univers rose bonbon et sucré.

Les animaux

Le cheval occupe une place à part dans l'imaginaire des petites filles. De nombreuses figurines, à commencer par Barbie, possèdent une monture. Monter un animal puissant, rapide, symbole par ailleurs d'une certaine liberté, est-il incompatible avec la féminité ? Le fait que plus de 70 % des licenciés d'équitation soit des femmes et que 58 % d'entre eux soit des jeunes de moins de 18 ans[56] (alors qu'au XIXe siècle le cavalier était d'abord un homme) tient surtout à l'évolution de l'image du cheval. Cet animal est aujourd'hui perçu d'abord comme un animal de compagnie. Le prestige et l'utilité économique du cheval disparu, celui-ci est désormais doté de « fonctions affectives et cathartiques ». Le fait est que l'activité équestre consiste presque autant en soin et en entretien qu'en temps de monte. De plus, on considère de plus en plus que la maîtrise du cheval exige moins la force et la technique que des qualités relationnelles. C'est un être vivant que l'on ne peut traiter comme une machine – voilà peut-être pourquoi les garçons préfèrent plutôt le karting à l'équitation…

L'amour des animaux, de préférence mignons, inoffensifs et jeunes, est une activité majoritairement féminine passé un certain âge. Le culte du « mignon », à travers les figurines à l'effigie d'animaux plus ou moins fantaisie, réunit à la fois la tendresse du maternage et l'émotion devant ce qui est joli. Le « mignon » est ce qui est attendrissant, mais surtout gracieux : les chatons, les petits lapins, les petits poneys, même les bébés extraterrestres apparaissent comme des supports pour cultiver l'expression des émotions positives et le prétendu instinct maternel.

L'empire des sentiments, dévolu aux filles, est en fait l'institution du sentimentalisme comme forme de relation aux autres et au monde. La pensée, la réflexion, l'esprit critique, la science, la connaissance du monde qui les entoure… semblent totalement absents de l'univers des filles tel qu'il existe dans les jouets. De fait, on entretient chez les petites filles l'accoutumance à un monde imaginaire idyllique, où les relations humaines ne passent que par la douceur, l'empathie et la tendresse... Ce qui va de pair avec un certain merveilleux où la baguette magique permet de remédier à toutes les frustrations. Ce mensonge a finalement pour conséquence d'inférioriser les filles en les maintenant dans un état d'immaturité sentimentale. Une fois adultes, elles devront lutter pour s'émanciper de cette vision totalement irréaliste des rapports humains, et ne plus se bercer d'illusions. Alors que la « gentillesse » est la valeur numéro un de l'univers des filles, chez les garçons, c'est exactement l'inverse...

LA CONSTRUCTION DE LA VIRILITÉ

Les jeux proposés aux garçons sont beaucoup plus diversifiés. « Il s'agit de jeux plus bruyants, plus énergiques, actifs et vigoureux, qui engagent plus de luttes réelles ou symboliques, plus d'activités musculaires, plus de jeux de compétition et de rivalité », remarque le sociologue Serge Chaumier[57]. Ces jouets participent directement à la construction de la virilité. Ils instaurent, selon Serge Chaumier, les « territoires de la socialisation masculine » de l'enfant et de l'adulte qu'il va devenir. Malgré leur diversité, on constate que la majorité des jouets pour garçons possèdent une seule et même logique : la domination. Une domination qui s'exerce par la technique, par la conquête, par la puissance et par la guerre.

1. La technique

Dans les jouets, on retrouve l'opposition traditionnelle entre la raison, masculine, et l'intuition, féminine. Le savoir au sens large, c'est-à-dire l'ensemble des connaissances sur le monde acquises grâce à l'étude ou l'expérience, reste l'apanage des garçons. Le savoir des filles est beaucoup moins valorisé et l'on parle alors de créativité (et non de technicité) – une connaissance qui découle d'un instinct plus que d'un savoir. L'activité cérébrale est donc encore plutôt réservée aux garçons, à travers les jeux de réflexion, de stratégie, ou les jeux liés aux sciences « dures » (maths, astronomie, physique, etc.). Ces jouets pour garçons correspondent ainsi à l'application concrète d'un savoir. La connaissance appelle l'action, à travers la technique. Masculine, la technique est l'instrument d'une transformation du monde, contrairement à celle réservée aux filles (ménage, décoration, cuisine, etc.)

– les savoir-faire de cette dernière ne sont d'ailleurs pas reconnus comme tels[58]. La Technique, au sens noble, représente un moyen de mettre le savoir en scène. Elle est un prolongement du corps masculin et symbolise une puissance d'action. C'est aussi à travers la maîtrise de la technique que la créativité des garçons peut se déployer.

Bricolage

Les techniques manuelles telles que la menuiserie, la soudure, l'électronique ou encore l'ingénierie industrielle sont également genrées. Chez Joustra, fabricant de jouets « créatifs » tel que le Menuisier ou Electronic Lab 130 (« pour devenir un véritable expert en électronique ! », précise le catalogue), comme chez Bosch, marque d'outils pour adultes qui produit un établi du bricoleur (Klein), les jouets sont exclusivement réservés aux garçons.

Jeux de construction

Les jeux de construction, traditionnellement masculins, sont aussi des espaces de valorisation de la maîtrise de la technique. Édifier des bâtiments ou des engins à partir de briques miniatures sollicite adresse, concentration et imagination, un plaisir réservé aux garçons. Chez Lego, il s'agit de reproduire exactement un modèle : le château d'Harry Potter, un Boeing 747, ou le Imperial Star Destroyer (un vaisseau du film *Star Wars*).

Quant aux jouets qui mettent en scène les travaux publics, ils présentent de manière réaliste des métiers typiquement masculins. La marque Bruder (dont le slogan est « comme le vrai ») propose ainsi des camions de pompier, des bétaillères, des tracteurs, des bétonneuses, et même des camion-poubelles. Avec les gros camions et les grues, la maîtrise technique rejoint la glorification des véhicules.

L'informatique

Dès son apparition dans les foyers dans les années 1980, le micro-ordinateur a été monopolisé par les garçons, comme tous les gadgets techniques. Aujourd'hui, 84 % des garçons de 10 à 14 ans jouent au moins une fois par semaine à des jeux vidéo de type « jeux d'action physique » (contre 53 % des filles)[59]. Après cet âge, le jeu vidéo reste encore un espace identitaire masculin où des adolescents technophiles et hostiles aux filles[60] se retrouvent, dont beaucoup rêvent de gagner leur vie dans l'informatique. De fait, la profession d'informaticien est de moins en moins féminisée : les formations d'ingénieurs en informatique, qui comprenaient 20 % de femmes au début des années 1980, n'en comportaient plus que 11 % en 2000[61].

La médecine

Les métiers médicaux – pourtant largement féminisés – sont présentés comme des activités viriles pour les petits garçons. C'est cependant la maîtrise de la science et le rôle de chef qui sont mis en avant plus que le fait de soigner des personnes. La boîte à jouer « C'est moi le docteur » (Nathan) met ainsi l'accent sur les ordonnances et les médicaments. On observe cette division sexuelle du travail chez Playmobil : la boîte « médecin » représente un garçon, celles de « l'infirmière » et de « la sage-femme » une fille. Cette marque de jouets propose une autre vision des scientifiques avec la boîte « Unité de décontamination ». On ignore ce que ces personnages masculins « équipés de combinaisons spéciales, aspirateur, barrière de signalisation et balais » décontaminent exactement, mais leurs outils technologiques ont l'air bien séduisants...

La division sexuelle du savoir dans les jouets se prolonge à l'école et dans les études. Les étudiantes, par exemple, ne représentent que 27 % des classes préparatoires scientifiques, et 14 % des classes de l'École polytechnique[62]. L'accès privilégié des garçons aux sciences et techniques les prépare à des carrières comme ingénieur ou cardiologue, et renforce la séparation avec les métiers subalternes réservés aux femmes, comme secrétaire médicale ou assistante maternelle. Dans ce contexte, il n'est guère étonnant que moins de 5 % des chirurgiens soient des chirurgiennes[63] et que l'Académie des sciences soit composée de seulement 6 % de femmes.

2. La conquête

Dans l'univers des garçons, l'espace de la maison n'existe tout simplement pas. Les jouets et jeux mettent en scène des espaces sauvages (forêt, désert, espace intersidéral, océan, etc.) ou hostiles (champ de bataille, ville, etc.) qui sont à conquérir et à assujettir par les armes. Les personnages ne parcourent pas ces espaces pour aller d'un point à un autre, mais pour affirmer leur puissance à travers la vitesse et le contrôle. Dans la logique de conquête, tout est possible et rien ne résiste. Par exemple, l'argument marketing des figurines Fistful of Power (Giochi Preziosi[64]) affirme : « Comme Alexandre le Grand, tu veux étendre ton pouvoir dans le monde entier, alors à toi de jouer pour gagner ». Derrière la conquête se dessine le fantasme de devenir le maître du monde, le chef suprême.

L'aventure

L'aspect le plus séduisant de la conquête, c'est l'aventure, le fait de se déplacer dans un espace plein de surprises. De mauvaises surprises, s'entend, car chaque épreuve est l'occasion d'exercer sa réactivité, sa résistance et sa combativité. Les aventuriers traditionnels, tels que le chevalier, le pirate et le cow-boy (qui sont aussi une manière de revisiter l'histoire) sont des valeurs sûres pour les garçons. Le pirate symbolise l'aventure sur les mers et la bataille au corps à corps. Contrairement à la plupart des aventuriers, on remarque que son objectif reste assez concret : la quête du trésor. Chez les pirates de Playmobil, il existe un seul personnage féminin : la fille du capitaine...

Jeux vidéo

De Prince of Persia à Baldur's Gate, de World of Warcraft à Guildwars, nombreux sont les jeux vidéo qui s'appuient sur l'aventure. Mener une quête pour trouver des objets précieux, sauver un être, surmonter de multiples obstacles, voilà le scénario de base de ces jeux de rôle. Le sens du jeu réside cependant dans les combats répétitifs avec des ennemis pour acquérir des « points d'expérience ». Ce capital est accumulé et fait souvent l'objet de spéculation. Ces jeux se jouent dans des univers virtuels, en réseau, avec un nombre souvent élevé de joueurs : il y a parfois plus d'un million de participants en ligne !

Les (super-)héros

La figure héroïque est un stéréotype exemplaire de l'idéal masculin. Elle exprime la force, le courage, le don de soi. Qu'il soit héros fantastique, sportif, militaire, héros de la science ou héros ordinaire, le héros ne connaît pas la peur et, s'il ressent la souffrance, il la surmonte immanquablement et reste toujours invincible. Par définition, il est redoutable, écrase ses adversaires et, surtout, il est engagé dans un combat pour sauver le monde du danger. Du soldat qui se sacrifie pour la patrie (le soldat de plomb inspiré par les guerres napoléoniennes), on est désormais passé aux super-héros. Depuis l'invention de Superman, en 1938 aux États-Unis, les super-héros n'ont cessé de se trouver déclinés en bandes dessinées, séries télé, films, mais aussi en figurines, panoplies, etc. Spiderman et les autres ont tous deux particularités : ils possèdent des « super-pouvoirs » et une double identité – celle d'une personne ordinaire et celle de super-héros, secrète. Ces héros à mi-temps sont, au fond, moins animés par la volonté de préserver la planète que par celle de prendre leur revanche sur une existence médiocre, faite d'humiliations. Les X-Men, par exemple, sont méprisés en tant que « mutants » dotés d'étranges pouvoirs mais, grâce à ces derniers, ils sauvent le monde pour être acceptés tels qu'ils sont. Pour le petit garçon, devenir un « héros », c'est accomplir des exploits pour revêtir un statut social valorisant, lié à la virilité. Plus qu'une réelle marque d'altruisme, c'est la vengeance des humiliés sur ceux qui les dominent. Protéger les autres est alors prétexte à la violence.

De nombreux jouets mettent en scène des héros plus réalistes : les pompiers et les policiers. Ces métiers sont classés comme particulièrement virils car ils comportent une grande part de risque. Les pompiers sauvent des vies humaines grâce à leur technique et leur fameux camion rouge. Les policiers, eux, possèdent les attributs du héros : les armes et une série de véhicules performants, ils affrontent des malfaiteurs et ils peuvent apparaître comme des justiciers. Bref, les métiers de la police (comme ceux de l'armée) sont une manière de concilier la réalité et l'idéal héroïque. Playmobil propose, par exemple, une douzaine de boîtes sur la police : patrouilleurs à vélo, à cheval, en fourgon, en hélicoptère ou en bateau ; commissariat-prison « équipé d'une centrale radio, d'un ordinateur, d'un téléphone et d'une cellule avec caméra ». Le petit garçon peut lui-même devenir un policier grâce aux panoplies réalistes, comme celle de Logitoys : « Un équipement complet pour jouer au policier et arrêter les voleurs : menottes, grenades, armes... ».

Une figure héroïque récente et liée à la croissance de la technologie, celle de l'espion accompagné de ses gadgets modernes, complète cette panoplie de héros virils. Car maîtriser le monde, c'est aussi maîtriser les autres êtres humains. On voit se multiplier les systèmes de contrôle d'accès (« Protège ta chambre des intrus ! », avec le mode « alarme » ou « plaisanterie » !, slogan d'un produit dérivé *Pirate des Caraïbes*), les kits d'écoute, les « kits télescope espion » (Wild Planet), les lunettes infrarouges avec dispositif d'écoute : « Qui va là ? Enfilez votre Night Patrol-listener et repérez l'intrus ! Grâce aux faisceaux lumineux et à un écouteur ultrasensible, vous pouvez tout voir et tout entendre ! », martèle le message publicitaire. Le délire de puissance semble n'avoir aucune limite. Ces objets sont-ils encore des jouets, ou une propagande pour la paranoïa sécuritaire ?

Les véhicules

Le corps viril est dynamique par définition, il se déploie dans l'espace. Le véhicule-jouet devient un prolongement symbolique du corps du garçon. Le culte de la voiture, un pilier de notre civilisation, est bien sûr présent dans les jouets. Vecteur de puissance et de vitesse, elle est un symbole phallique par excellence. Les voitures miniatures et les bolides en modèles réduits passionnent autant les petits garçons que les hommes adultes, qui aiment les collectionner. Le sommet étant atteint avec une limousine blanche en réduction, au rayon « Jouets garçon » (modèle ornemental à l'échelle pour collectionneur adulte de Sunstar). Certains jouets renvoient au sport automobile, comme les Formule 1 marquées du sceau Ferrari ou les voitures de rallye avec logos publicitaires (Hot Wheels). À côté de cette propagande pour les concessionnaires automobiles, il existe une gamme de jouets qui mettent en scène la voiture comme un personnage : les véhicules-monstres, les véhicules-robots, les véhicules-fauves. Avec « Psycholoco » (Hot Wheels), par exemple, la voiture, le monde fantastique des monstres et la guerre se retrouvent en un seul jouet !

Les véhicules à moteur, miniatures ou à la taille de l'enfant, sont une façon d'éprouver physiquement la sensation de puissance. Les véhicules radiocommandés, à roues, aériens ou aquatiques procurent ce sentiment à toute personne qui les manipule – rarement des filles. Au rayon « plein air » des magasins de jouets, on trouve des mini-motos électriques (Berchet) qui fonctionnent avec un moteur de 24 volts et des mini-voitures 4x4 comme le Gaucho (Peg Perego) : « Aux commandes de son véhicule, l'enfant aura l'impression de piloter un vrai 4x4, s'exclame la publicité ! D'une simple pression sur la pédale, l'enfant fait avancer sa voiture à 4 ou 7 kilomètres à l'heure ».

Jeux vidéo

Les jeux de simulation de conduite de voitures ou d'avions, sont parmi les plus anciens – ils servaient à l'origine à la formation des militaires. L'exaltation éprouvée par les joueurs se base avant tout sur la vitesse et la compétition, car il faut aller vite, mais surtout être le premier. De jeux qui ont débuté comme des répliques de championnats de Formule 1 ou de courses conviviales, on est passé à des jeux où la vitesse ne suffit plus : elle est associée à de la violence pure. La série Grand Theft Auto, qui s'inspire des films de gangsters, est l'une des plus extrêmes dans cette catégorie : on gagne des points dans les carambolages et quand on écrase des piétons !

À travers ces jouets, le petit garçon comprend que le monde lui appartient et que son rôle est d'y étendre sa domination. Il comprend qu'il est au cœur d'un espace infini, et qu'il n'y a nulle limite à son désir: s'il n'a pas l'étoffe d'un héros, un véhicule ou une arme pourra lui apporter la puissance dont il a besoin pour contrôler l'espace et maîtriser les autres. Dans cet empire du mâle qu'il construit dans son jeu, le garçon est confronté à des êtres qui sont toujours des obstacles à éliminer, et qui, la plupart du temps, n'ont pas figure humaine. La paranoïa ne serait-elle pas un ingrédient nécessaire à l'affrontement ?

3. La puissance

Les jouets destinés aux petits garçons participent de façon massive à une véritable injonction à la puissance virile. Celle-ci passe par la normalisation du corps et sa mise en scène dans le sport.

Le corps viril

Lorsque l'on observe les jouets proposés aux petits garçons, on s'aperçoit que le corps des personnages est tout sauf réaliste : le but n'est jamais de ressembler à Papa, mais au contraire d'être beaucoup plus fort que lui. Ainsi, les muscles, attribut viril par excellence, sont incontournables dans l'univers des jouets pour garçons. On trouve par exemple dans les magasins une panoplie gonflable de Superman, que l'enfant met autour de son buste puis gonfle pour obtenir des abdominaux dignes des superhéros ! Le personnage de l'Incroyable Hulk incarne cette surenchère de musculature pour figurer une sorte de puissance animale. Plus récente, la figurine Action Man nommée Megapain (« superdouleur » !) est une montagne de muscles arborant des veines rouges en relief !

Sur le plan de l'expression et des émotions mises en scène par ces jouets, le panel est très réduit : soit la férocité, à travers des visages grimaçants, soit la maîtrise de soi, à travers des allures glaciales comme celles qu'affichent les figurines des Chevaliers du Zodiaque. Cette apparence froide fait écho aux injonctions permanentes à garder son sang-froid qui figurent sur les emballages : « *Tu as le vertige ? Alors fonce !* » (Crazy Croc). Certains personnages, comme Action Man ou l'omniprésent Spiderman, sont eux dépourvus de bouche : cela en dit long sur leur usage de la parole...

Les jouets pour garçons présentent une autre caractéristique : le corps masculin est comme un corps-machine. L'humain devient une sorte de monstre mécanique qui se transforme au gré des missions qui lui incombent, ses armes et son véhicule étant des prolongements naturels de son corps. Les jouets sont transformables : cette dimension magique est présente partout dans l'univers enfantin mais, dans le cas des jouets pour garçons, il s'agit plus du corps-machine que du merveilleux. Ainsi, la gamme de robots Transformers (Hasbro) propose des robots qui se transforment au choix en appareil photo, en véhicule de police ou en Ford GT. Là encore, la technique est montrée comme une dimension fondamentale de la virilité. Le monopole masculin des armes et des outils, comme l'a montré Paola Tabet[65], semble, même dans l'univers des jouets, être la condition nécessaire du pouvoir des hommes.

Le sport

Le sport – et en particulier le football – est omniprésent dans les jeux des petits garçons, tout comme il l'est dans la culture masculine adulte. Les enfants mâles apprennent par le biais de la pratique sportive à être compétitifs, à vaincre des adversaires, à dépasser leurs propres limites physiques et mentales, toutes ces attitudes qui seront attendues d'eux en tant qu'hommes[66]. Par la pratique des jeux sportifs et du sport en club, les petits garçons intériorisent et même incorporent un rapport à l'espace, au temps et aux objets qui est marqué par la conquête, la maîtrise, la domination. Par exemple, on note que les espaces comme les parcs ou les cours de récréation sont monopolisés par les garçons pour leurs jeux (match de foot, rampe de skate, panneau de basket, etc.). Tandis que les filles auront des jeux sportifs plus restreints dans l'espace (comme la marelle, la corde à sauter), les garçons auront tendance à occuper l'espace, et pas seulement l'espace géographique, mais également l'espace sonore et visuel (par leurs cris, leurs déplacements rapides et nombreux, leur débordement d'énergie). La majorité des garçons pratiquent un sport dit « d'incertitude » comme le roller, le judo ou le foot, des activités qui les obligent à réagir à un environnement ou à un adversaire. Contrairement à la danse ou la gymnastique (sports techniques qui exigent la simple exécution fidèle d'une série figée de mouvements), pratiquées majoritairement par les filles, ces sports développent la réactivité, l'opposition, la stratégie, etc., bref, toutes les valeurs viriles précédemment énoncées.

Il y a une différence entre « jouer au ballon » et « faire du foot ». Dans le premier cas, l'enfant joue pour s'amuser et, dans le second cas, il reproduit les règles et les comportements de la compétition telle qu'il peut les voir à la télé. La dimension ludique et émulatrice des jeux sportifs s'efface largement au profit de la compétition, de la violence et de la domination inhérentes au sport.

De nombreux jouets inspirés du sport sont proposés aux garçons : ainsi, on leur offrira un « Baby foot super cup » (Smoby), un punching-ball gonflable Superman avec ses gants de boxe (Absis), ou encore l'ensemble « Big Bowling » (Paradiso Toys) « pour devenir un champion et épater vos amis lors de votre prochaine soirée au bowling ! ». De même, le commerce qui est fait autour de « stars » masculines de l'industrie du sport, comme Zinedine Zidane ou David Douillet, prend les garçons pour cible marketing principale : figurines en plastique, jeux de cartes à l'effigie de leur équipe préférée ou encore panneaux de basket muraux « Tony Parker » (Espas). Le culte voué à ces professionnels du sport tend à faire d'eux d'authentiques héros.

La place occupée par le football dans l'univers des garçons est immense, à la mesure de celle qu'il occupe dans la culture virile. Ainsi, dans le livre, *C'est génial d'être un garçon* (édité chez Fleurus), destiné... aux petits garçons, la rubrique « sport » est sous-titrée : « Le foot, le foot et le foot ». Cet engouement se traduit par une fréquentation très forte des clubs de football (première fédération sportive de France, à 98 % masculine). *A contrario* il n'y a que très peu d'espace pour les jeunes filles qui veulent faire du football dans des clubs.

Quant aux jeux vidéo de sports (Pro Evolution Soccer, NBA Live, etc.), ils se caractérisent par une compétition en solitaire, où tout tourne, comme dans le monde réel, autour de l'argent : il faut gagner des matchs pour acheter de meilleurs joueurs, cercle vicieux dont l'objectif reste le profit et le pouvoir.

4. La guerre

Une grande part des jouets et jeux destinés aux garçons appartiennent au registre de la guerre, qu'elle soit réaliste ou science-fictionnelle. La logique guerrière est omniprésente : il s'agit de mettre un adversaire hors d'état de nuire au moyen d'armes diverses. L'injonction à une virilité violente inhérente à ce type de jouets se décline à travers plusieurs univers guerriers qui affichent une gradation dans la violence, instituée comme un véritable mode de communication.

La guerre fantastique

S'inspirant des grosses productions hollywoodiennes telles que *Harry Potter*, de nombreux jouets mettent en scène des monstres imaginaires et des personnages guerriers équipés d'armes toutes plus sophistiquées les unes que les autres. Dans certains rayons « garçons », on peut acheter le sabre laser de Luke Skywalker, héros de *La Guerre des Étoiles*, d'une longueur de 1,10 mètre. Les héros fantastiques rivalisent de gadgets, illustrant ainsi une véritable course à la technologie caractéristique d'une virilité conquérante, où l'utilisation de la violence est toujours encouragée : par exemple, la Batmobile (Mattel) de Batman est équipée de « capsules EXP », de « fonctions son et lumière » et d'un « super-missile ». Les super-héros tels que Superman ou Spiderman sont sur-représentés dans le paysage du jouet de guerre fantastique. Dotés de super-pouvoirs, ces héros fantastiques constituent le fantasme viril par excellence : contrôle, utilisation toujours encouragée de la violence dans la relation à l'autre et au monde, etc.

La guerre réaliste

Du Moyen Âge à la guerre en Irak, différentes époques servent de références aux jouets de guerre réaliste. Ainsi, le catalogue de Toys'R'Us propose aux petits garçons un château fort accompagné de son armée de squelettes, « revenue tout droit du royaume des morts ». Les deux guerres mondiales sont également largement présentes dans l'imaginaire de référence de nombreux jouets et jeux, comme le Touché coulé torpille (MB), dans lequel l'enfant est amené à localiser « les navires de la flotte ennemie ».

Des « classiques » soldats de plastique kaki aux figurines telles que les US arrière-garde de la marque Blue Box, en passant par le véhicule « Patrouille du désert » ou le « tank Sherman » de la même marque, les guerres modernes alimentent le marché du jouet et véhiculent chez les petits garçons une conception guerrière de la masculinité : être un homme, c'est être un soldat, donc tuer. Le champ de bataille devient un lieu où l'on s'amuse à être en compétition avec les autres, où l'on apprend à être un fin stratège, à être un homme, un vrai. Mais ce réalisme n'est pas total : la douleur et le sang, quant à eux, restent invisibles...

Avoir un corps d'homme, c'est finalement avoir un corps plus puissant qu'humain, un corps qui ne connaît pas la douleur. Cette dimension de surpuissance véhiculée par les jouets pour garçons s'oppose à la fragilité et la faiblesse que l'on retrouve dans les jouets pour petites filles.

Le goût des armes

Qu'ils appartiennent aux univers de la guerre fantastique ou de la guerre réaliste, les jouets et jeux de guerre se caractérisent principalement par une surenchère des armes : le missile et le lance-missile sont omniprésents, comme l'illustre la figurine de Buzz l'Éclair (Hasbro), « équipée d'un pistolet à missile et d'une recharge de lance-missile au dos ». Le descriptif du catalogue précise : « Méga armé, il est prêt à tout pour protéger les innocents ». Tout est prétexte à devenir une arme, comme cette planche de surf d'une figurine Action Man « Surf Extrême » qui se transforme en lance-missile. Au-delà du simple accessoire, l'arme devient le prolongement nécessaire du corps viril. La technique vient alors parfois accroître la puissance, une puissance tournée généralement vers la destruction. Mais avoir une arme, cela signifie s'en servir et cela, les petits garçons l'ont bien compris. En effet, l'omniprésence des armes dans les jouets qui leur sont proposés ont des conséquences qui vont au-delà du simple mimétisme, l'arme « ludique » en devient une « réelle » lorsqu'il s'agit de l'utiliser pour affirmer sa domination. Qui n'a pas constaté la violence avec laquelle ces « armes » sont utilisées par les petits garçons pour frapper leurs sœurs ou des camarades plus jeunes qu'eux ? Non seulement cette violence est tolérée car « on joue », mais en plus elle est stimulée par ces jouets guerriers qui fournissent à la fois le prétexte et l'accessoire pour s'y livrer dans l'impunité la plus totale.

Les jeux vidéo de guerre

Les jeux vidéo de guerre (comme Métal Slug, Duke Nukem, Counter Strike, Battle Field, etc.) sont très populaires chez les garçons, qui y jouent souvent de manière compulsive seuls ou en réseau. Le but est invariable et on ne peut plus simple : tuer tout le monde. Les moyens, les difficultés, les décors, les types d'ennemis varient, mais le but monomaniaque reste la destruction des autres et de leur matériel. Le monde militaire y est mis en scène de façon extrêmement réaliste, et la mort y est omniprésente. Le jeu Battleground Europe, par exemple, représente les vrais blindés de la Seconde Guerre mondiale, tandis que le jeu Socom 3 US Navy Seals utilise les répliques exactes des armes utilisées en Irak. D'ailleurs, nombreux sont les soldats déployés en Irak qui admettent avoir été formés à la guerre à travers leur pratique intensive des jeux vidéo de guerre dans l'enfance et l'adolescence[67].

Qui dit guerre dit cependant mort... or, une fois de plus, les personnages que les jouets guerriers mettent en scène ne semblent jamais ressentir la douleur physique. Dans les jeux vidéo, les victimes ne sont jamais que des corps qui volent et disparaissent rapidement. Quelle responsabilité face à autrui ces jeux violents apprennent-ils aux enfants, si les conséquences de leurs actes ne sont pas visibles ? Et, pour aller plus loin, comment ne pas faire le lien entre l'usage de jouets qui prônent l'assassinat et la violence des hommes adultes dans le monde réel ? D'ailleurs, ce n'est pas un hasard si la direction du magasin BHV de l'hôtel de ville à Paris a décidé de supprimer le rayon armes des jouets de son magasin depuis une attaque à main armée qui a fait des blessés.

Conquérir le monde grâce à la puissance, à la guerre, à la technique et au savoir : voilà le message qu'adressent aux petits garçons les jouets qui leur sont destinés. Apprendre à devenir un homme, c'est apprendre à agir sur le monde et à le transformer, faire de son corps un instrument froid et efficace de domination, cultiver la froideur calculatrice, le sentiment de victoire. Les rapports humains mis en scène dans les jouets sont marqués par une logique d'affrontement[68], de maîtrise. La technique et l'armement sont au service de l'intimidation et de l'agressivité. Il s'agit de conquérir pour conquérir, de combattre pour combattre, de tuer pour tuer : cette violence gratuite sert uniquement le narcissisme des hommes. Au fond, la virilité est un cercle vicieux monomaniaque qui mène à une impasse.

Ce qui est frappant, c'est que les jouets pour garçons dépassent les frontières de l'âge : de nombreux jeux passionnent tout autant les hommes adultes que les petits garçons, en particulier les jeux vidéo, le modélisme, la collection de petites (ou grandes) voitures, les jeux sportifs. Finalement, tout se passe comme si le jeu ne s'arrêtait jamais pour les hommes. Être un homme signifie rester quelque part un enfant, peut-être pour retrouver la vie héroïque que promettent les jeux et qui est totalement absente du réel (y compris pour les militaires et les policiers professionnels). Depuis l'enfance jusqu'à l'âge adulte, les hommes jouent à la guerre : le monde est leur terrain de jeu.

Contrairement aux jouets guerriers, les jouets liés à la technique et au savoir proposent une autre vision du monde aux enfants. Les filles gagneraient donc très certainement à se les approprier. Cependant, ces jouets constituent finalement une part minime de la masse de jouets pour garçons, qui célèbrent non pas la construction, mais la destruction. Ce constat n'appelle-t-il pas à poser la question de l'éthique dans les jouets et du rôle de la virilité dans nos sociétés ? En effet, non seulement la virilité légitime la domination, mais elle l'exige. L'étude des jouets sexistes en donne un exemple frappant. Pour en finir avec l'oppression masculine, la fin de la virilité est donc nécessaire.

LA NORME HÉTÉROSEXUELLE

Dans les jouets des enfants, il n'est évidemment pas question de sexualité – cependant, la norme hétérosexuelle transparaît à travers la façon dont les gens réagissent face aux petits garçons s'aventurant à jouer à des jeux « féminins », et à travers les représentations de la famille.

Le contrôle de l'identité de genre

Dès leur plus jeune âge, les garçons sont détournés par les adultes de tout jouet dit féminin, alors que les filles peuvent plus facilement s'approprier les jeux ou jouets de garçons. Les insultes de « tapette », « femmelette », « pédé », etc., sont utilisées pour rappeler à l'ordre viril le petit garçon qui joue à la poupée comme l'homme adulte qui se maquille ou occupe un emploi « féminin ». Récemment, en Pologne, une levée de boucliers de l'ordre moral a été provoquée par la simple apparition d'un sac à main au bras d'un *Télétubby* (personnage de dessin animé pour tout-petits) *a priori* masculin.

Selon Daniel Borillo, « l'homophobie générale n'est qu'une manifestation du sexisme. Lorsqu'on lance "pédé !", on dénonce le plus souvent un non-respect des attributs masculins "naturels", plutôt qu'on ne songe à la véritable orientation sexuelle de la personne »[69]. Les diktats genrés de la société moderne, qui obligent les individu-e-s à construire leur identité en rapport avec les stéréotypes masculins et féminins, sont donc mobilisés à nouveau pour discriminer toute personne qui s'écarte du « droit chemin ». Les hétérosexualités masculines ou féminines, au même titre que les comportements considérés comme virils ou féminins, sont deux facettes d'un même stéréotype social : le « vrai » homme et la « vraie » femme. Le rejet des personnes échappant à cette catégorisation (homosexuel-le-s, hommes efféminés ou femmes masculines) permet donc de se rassurer sur sa propre « normalité ». « Le stéréotype joue un rôle psychologique majeur, puisqu'il permet d'apaiser l'angoisse identitaire de se voir un jour déserter son statut ou de se faire rejeter par son groupe d'appartenance, surtout lorsque celui-ci apparaît comme le modèle à suivre. »[70] En d'autres termes, c'est dans le rejet de l'homosexuel que le genre masculin se constitue. Selon Christophe Gentaz[71], « l'homophobie, en raison de sa fonction sociopsychique, préserve, tel un *condom*, les hétérosexuels de la féminité en empêchant toute forme d'intrusion masculine extérieure : c'est une douanière du genre masculin. Nous pourrions dès lors supposer que l'homophobie est constitutive de la psychogénèse de tout individu masculin ». Voilà une thèse fondatrice : l'homophobie n'est pas une anomalie de la société moderne, mais un de ses piliers. Ni excroissance monstrueuse, ni phobie irrationnelle, la peur et le rejet de l'homosexualité sont des principes organisateurs de la personnalité des individu-e-s, afin de réguler l'organisation en genres sexués préétablis. L'homophobie est nécessaire pour une catégorisation sexiste des comportements, elle est idéale pour renforcer une société inégalitaire et patriarcale : elle permet de cloisonner et d'inculquer les comportements sexués nécessaires à la reproduction patriarcale. Monique Wittig écrit en ce sens que l'hétérosexualité est un système politique en soi, dont la famille est la pierre angulaire.

La masculinité est définie par une suite d'interdictions, quand la féminité l'est par des obligations. On peut donc toujours être féminine si on fait d'autres choses – dans une certaine mesure, bien sûr –, tant que l'on respecte le « cahier des charges » de la féminité. Voilà pourquoi jouer avec une perceuse ne menace pas l'identité de genre d'une fille, alors que pouponner menace celle d'un garçon. Outre bien sûr le fait que les valeurs masculines sont celles qui sont dominantes dans notre société et qu'elles sont donc jugées positivement: il est plus acceptable que des dominées s'approprient les valeurs des dominants que l'inverse. Il existe quand même des limites à ce que peuvent se permettre les filles: la violence, par exemple, n'est pas acceptée[72]. Pour empêcher la transgression de ces limites, la féminité a elle aussi son stigmate de contrôle, mais c'est celui de «pute» plutôt que celui de «gouine». En effet, pour Gail Pheterson[73], la notion de prostitution est un concept qui fonctionne indépendamment des individu-e-s qu'il stigmatise, un moyen de coercition sur les femmes. Le stigmate de «prostituée» est un outil de la domination masculine servant à séparer les femmes en deux catégories hermétiques: les femmes «normales» et les putains. Le but du jeu, pour toute femme, étant bien évidemment de ne jamais se retrouver dans la mauvaise catégorie. On comprend mieux alors la fréquence du «sale pute», insulte bien souvent adressée à une femme ne respectant pas l'attitude soumise que l'on attend d'elle. De la même façon que l'homophobie est un facteur déterminant pour les frontières du genre masculin, le stigmate de «prostituée» vise à maintenir une pression constante sur les femmes, en les menaçant d'être reconnues et considérées comme telles en cas de non-respect des principes de base de la domination masculine.

Les représentations du couple et de la famille

Les représentations de la famille dans les jouets et les jeux sont toutes quasi identiques: une femme et un homme adultes, un petit garçon et une petite fille – ainsi que souvent un chien et un chat. Dès 1 an, les enfants peuvent jouer avec des petites figurines en plastique composant cette cellule idéale. Dans Happyland de Nathan, le petit garçon a un ballon de foot sous le pied et la petite fille des couettes avec des nœuds roses, pour que l'enfant intègre tout de suite les bons repères. Autre exemple, chez Playmobil, où, quel que soit le contexte dans lequel la famille est représentée, qu'elle soit fantastique (château de princesse) ou plus réaliste (maison bourgeoise, camping-car), le quatuor couple-hétéro-avec-deux-enfants est toujours là. Idem sur les boîtes de jeux de société familiaux (Chass'Taupes, Bandaï). La famille fantasmée composée de deux parents hétérosexuels aux rôles différenciés et hiérarchisés et d'un garçon et d'une fille est présentée comme l'idéal à atteindre[74].

Le rapport entre fille et garçon est rapidement investi par les adultes d'une volonté particulière : celle de fabriquer un couple hétérosexuel. Les enfants sont souvent taquinés par leurs aîné-e-s sur le mode : « Tu as un-e petit-e amoureux-se ? ». Dans les catalogues de jouets, tout couple d'enfants se tenant la main est représenté dans des costumes de prince et de princesse et la place du conte de fées est toujours très présente. Les enfants n'ont pas accès, dans les jouets ou leur environnement, à une représentation diverse, voire simplement en accord avec la réalité, des relations amoureuses : la quasi-totalité des dessins animés finit par l'idée « ils vécurent heureux et eurent beaucoup d'enfants », y compris chez les animaux ou les monstres (comme dans le film d'animation *Shrek*). Le couple hétérosexuel est toujours le seul modèle proposé et valorisé. Pourtant, nous pouvons être amoureux-euses d'une personne de même sexe que nous, avoir plusieurs relations dans notre vie ou en même temps, l'adoption est une possibilité comme une autre d'avoir des enfants, etc. Et, bien sûr, malgré les injonctions récurrentes à la reproduction, on peut choisir de ne pas avoir d'enfants.

Si la représentation du couple et de la famille est unique, elle n'a pas le même poids dans les jouets réservés aux filles ou aux garçons. Il y a là une véritable asymétrie : dans le monde des garçons, il n'y a pas de filles. Contrairement à l'univers des fillettes, qui ne peut se passer du mari idéal, les seuls personnages féminins – qui apparaissent de façon anecdotique – dans les jeux de garçons sont la guerrière sexy aux formes disproportionnées ou, éventuellement, la princesse passive à sauver. Les jouets proposés aux petits garçons ne laissent aucune place à la tendresse, au relationnel, à l'empathie. La figure de l'homme n'apparaît jamais sous les traits d'un père, ni d'un compagnon pour la femme : on peut chercher en vain une panoplie de Prince Charmant dans les rayons de jouets des magasins. Offrir une poupée à un garçon reste un blocage bien réel, toutes classes sociales confondues[75]. L'idée selon laquelle un garçon qui joue avec une poupée sera homosexuel une fois devenu adulte reste en effet largement répandue.

En revanche, dans l'univers des filles, l'homme est, lui, bien présent, sous les traits inévitables du prince charmant : doux et attentionné, qui s'intéresse comme elles à la mode, à l'amour… L'archétype étant le Ken de Barbie, ou des stars comme le chanteur efféminé du groupe pop pour préadolescentes Tokio Hotel. Pour les filles, l'homme idéal se rapproche au contraire étonnamment du stéréotype du gay ! Pour devenir une femme, les petites filles apprendront à attendre un garçon mythifié et mystifié. Or, on n'apprend rien de symétrique aux garçons. Ils ne s'identifient pas au « prince charmant », et ne rêvent pas de filles (en tout cas pas à cet âge, et pas de la même manière). Les garçons développeront plutôt une soif de pouvoir tout en oblitérant tout sentiment – réservé aux femmes et preuve de faiblesse. Ainsi, il n'y a quasiment pas de représentation de couple dans les jeux de garçons, alors que celui-ci est très présent dans les jeux pour filles : il devient constitutif de l'identité féminine. En effet, la plupart des femmes sont à la recherche de ce prince charmant rêvé pendant toute leur enfance, du moins jusqu'à la première histoire, après laquelle les attentes changent souvent[76].

La norme hétérosexuelle joue donc deux types de rôles auprès des enfants : le rappel à l'ordre de son genre, pour les garçons essentiellement, et l'intégration d'un modèle unique et obligatoire de couple et de famille, pour les filles essentiellement. La norme hétérosexuelle renforce et complète donc les normes de virilité et de féminité.

JOUETS SEXISTES OU USAGE SEXISTE DES JOUETS ?

Les enfants sont sensibles aux attentes de la société et de leurs parents. La socialisation différentielle des sexes[77] fait qu'un garçon ou une fille se comporteront selon les représentations que se font les adultes des rôles masculins ou féminins.

Des jouets différenciés selon les sexes

Certains jouets paraissent dès le premier regard sexistes en eux-mêmes. Ils correspondent aux stéréotypes de la division sexuelle des rôles sociaux : la belle femme est la gardienne du foyer et le symbole de la beauté, l'homme fort s'occupe de la sphère publique.

Nous avons parlé des innombrables poupées mannequin Barbie présentes sur le marché depuis cinquante ans, et des plus récentes poupées Bratz, jeunes femmes aux allures de cobayes de la chirurgie esthétique.

Certains jouets donnent également une vision stéréotypée du masculin que le petit garçon est invité à suivre : nous avons évoqué les soldats et autres Action Man, qui donnent l'image de l'homme fort, aventurier, violent...

Néanmoins, d'autres jouets ne sont pas sexistes au premier coup d'œil : poupons, perles, voitures, équipement d'épicerie ou consoles de jeux ne donnent pas en eux-mêmes une image stéréotypée des femmes ou des hommes. De manière indirecte, ils sont pourtant stéréotypés, dans la mesure où on les destine exclusivement aux filles ou aux garçons. Les rayons roses et bleus d'un magasin de jouets séparent clairement les jouets selon le sexe de l'enfant auquel ils sont destinés. Si les rayons ne sont pas assez différenciés, la couleur des boîtes fait comprendre aux consommateurs la distinction, en apposant également des photos de filles ou de garçons près du jouet (on n'a jamais encore vu de petite fille posant près d'un atelier de bricolage, ou de petit garçon jouant avec un fer à repasser sur un catalogue).

De plus, les marques connues pour leur féminité investissent des jouets de l'univers des poupées : caisse enregistreuse et aspirateur Barbie, maquillage et table coiffeuse Winx Club, souliers à talons, déguisements et même tente Disney Princess.

Les jouets dits neutres différencient également leurs boîtes et leurs contenus, sans doute pour multiplier leurs ventes. Les formes, en plus des couleurs et des commentaires sur les soi-disant centres d'intérêt féminins, sont reconnaissables : en rondeur pour les filles. VTech a pu lancer « la première console de jeux éducative pour filles », qui laisse à penser qu'on doit éduquer différemment, même par la technologie, les filles et les garçons.

Lego, célèbre marque de briques de construction, a créé des boîtes roses dites « Lego Girls » pour permettre aux petites filles de « construire des fleurs ». Elles pourront ensuite choisir dans la série dédiée aux princesses, aux animaux et aux châteaux. De même, Playmobil, bien que présentant ses jouets selon des univers à thème (chevaliers, pompiers, commerçants, etc.), dérive aussi vers des univers colorés de rose : la maison traditionnelle, le château de princesse. Pas besoin d'explicitation pour comprendre qu'il s'agit de Playmobil créés pour les filles, puisque tout le monde s'accorde à penser que seules les histoires de princesse ou d'ameublement intérieur peuvent les intéresser.

L'appropriation des jouets de garçons par les filles

Les enfants savent très tôt reconnaître un jouet « pour fille » d'un jouet « pour garçon »[78]. Elles-ils dérogent avec plus ou moins de difficultés en fonction de l'ouverture des parents[79], ou des simples possibilités offertes par les jouets disponibles (l'existence d'une sœur ou d'un frère peut permettre un choix plus large, par exemple).

Les jouets dits masculins sont néanmoins nettement plus acceptés chez les filles et par l'entourage. Cette plus grande appropriation par les filles reflète la supériorité des valeurs masculines. De la même façon, les femmes réussissent à « atteindre » les professions traditionnellement dites masculines plus facilement que l'inverse[80], car celles-ci sont perçues positivement. Les garçons sont abaissés au rang de « femmelettes » s'ils s'intéressent à des jouets, emplois, ou même à des vêtements dits féminins, car devenir un « vrai » homme, c'est apprendre à dominer les autres, à commencer par les femmes[81].

Les enfants apprennent ce qui est acceptable par la société, en grande partie inconsciemment, en regardant la télévision, les publicités, en lisant des livres et des manuels scolaires, etc. Ils comprennent que les transgressions du genre sont donc plus ou moins bien acceptées, qu'il s'agisse de vêtements, de professions ou de choix de jouets.

Les expériences de conditionnement des enfants au choix des jouets

De nombreuses expériences scientifiques ont été menées, notamment aux États-Unis, pour « soigner » les enfants dont le comportement ne correspondait pas à leur sexe. L'argent public américain a été alloué à des recherches appliquées diverses et pour tout dire terrifiantes sur le thème explicite de la « confusion d'identité de genre »[82].

Dans les années 1970, le programme « Feminine Boy Project » voit le jour sous la direction de professeurs et docteurs diplômés des meilleures universités[83].

Des jeunes garçons présentant des caractéristiques dites féminines sont recrutés par le biais d'émissions de télévision faisant intervenir un homme adulte homosexuel expliquant qu'enfant il jouait avec des poupées. Les parents, alertés par le comportement de leur fils, affluent pour obtenir le traitement adéquat, bien qu'expérimental.

Ainsi, Kraig, âgé de 4 ans, dont les parents s'inquiètent pour ses manières féminines et ses relations difficiles avec ses camarades, va subir dix mois de traitement. D'abord examiné pour vérifier s'il s'agit bien génétiquement d'un garçon, les scientifiques alarment les parents des risques que Kraig encourt adulte : transsexualisme, travestisme ou toute forme d'homosexualité pouvant même aller jusqu'à des mutilations, par autocastration.

Après de tels arguments, les parents n'hésitent pas à amener Kraig pour plus d'observations dans le laboratoire équipé d'une glace sans tain et de deux tables présentant respectivement des accessoires féminins (petits bijoux, maquillage, perruque, robe, poupée Barbie, etc.) et masculins (casque de football américain, rasoir électrique, fléchettes, menottes). L'attirance quasi exclusive du petit garçon pour des jouets « féminins » impose un rythme de thérapie de trois séances par semaine à la clinique. Cette thérapie consiste pour Kraig à entrer dans la salle garnie des mêmes jouets avec sa mère équipée d'un casque relié aux observateurs. Les chercheurs enjoignent alors à la mère de Kraig d'ignorer son fils lorsqu'il a en main un jouet « de fille », et de l'encourager s'il choisit un jouet « de garçon ». Malgré les crises d'incompréhension et de colère de Kraig, le traitement se poursuit et s'intensifie au sein du domicile familial.

Ainsi, à la maison, un système de récompenses et de punitions prenant la forme de jetons de couleur – bleus pour une bonne action, comme se brosser les dents ou jouer avec des jeux masculins, et rouges pour des actions dites féminines, telles que ramasser une poussière sur le tapis – est mis en place par les chercheurs avec la participation des parents. Les jetons bleus peuvent être échangés contre des friandises ou du temps de télévision. Avoir des jetons rouges entraîne le retrait des jetons bleus, et donc des récompenses. Pour renforcer l'effet des jetons rouges, l'équipe scientifique décide ensuite que chaque jeton rouge donnera lieu à une petite tape de son père.

Lors de la cinquante-sixième session à la clinique, Kraig s'exclame en entrant dans la pièce d'examen : « Il y a des jeux de fille sur cette table. Je ne veux pas jouer avec ». Les médecins se satisfont du comportement parfaitement masculin au bout de la soixantième session. Depuis, ce garçon semble « mystérieusement » développer des problèmes de honte vis-à-vis de ces expériences, manifester des comportements violents, ainsi qu'une dégradation des relations avec son père.

De nombreux autres jeunes garçons furent traités par cette équipe. On infligea à certains le système des jetons jusque dans leur classe, avec leur professeur. Certains garçons auraient même été « traités » à l'école sans même que leurs parents en eussent été informés[84].

En 1978, l'un des protagonistes, le docteur George Reckers, participe à une étude menée par l'Institut national américain de santé mentale sur une petite fille de 8 ans : Becky. Par sa démarche masculine, son refus de porter des robes et son attrait pour les talkies-walkies, pistolets et autres jeux de fléchettes, Becky inquiète ses parents. Le rapport des médecins indique clairement que les jeunes filles comme Becky courent des risques de troubles de la personnalité, de dépression, d'homosexualité, de tentatives de suicide, d'abus de drogues, et même d'hospitalisation psychiatrique.

Le traitement choisi est similaire à celui infligé à Kraig. Dans une pièce observée par les chercheurs, on lui demande de choisir parmi les jouets à disposition (poupées, dînette sur une première table ; camion, avion, soldat sur une seconde). Étant donné son âge plus élevé, elle est elle-même équipée d'un casque relié aux observateurs, ainsi que d'une ceinture avec un petit compteur. On lui explique la règle à suivre : à chaque utilisation d'un jouet de fille, un point est marqué et le compteur peut être actionné. Au bout de sept mois de traitement, 102 sessions en clinique et 96 au domicile, les observateurs semblent satisfaits des bons résultats obtenus et du fait que Becky « s'intéresse désormais spontanément aux parfums et aux bijoux » !

Ces cas ne sont malheureusement pas isolés. En 1983, un garçon de 5 ans suspecté d'homosexualité naissante a été traité au centre d'étude des enfants de Yale pour confusion d'identité de genre : ses parents avaient peur de sa « fâcheuse habitude » d'aider sa mère dans les tâches ménagères. Un autre garçon de 5 ans a subi, au centre de santé de Lister, à Londres, des expérimentations pour se débarrasser de comportements féminins pendant vingt et un mois[85]. Il existerait encore des unités de recherche d'identité de genre à Londres et des cliniques spécialisées en Italie et aux Pays-Bas.

Les scientifiques qui mènent ces études sont des universitaires réputés qui ont publié des articles et des livres[86]. De nos jours, sans reconnaître ouvertement les risques d'homosexualité (de peur d'être taxé-e-s – à juste titre – d'homophobie), ils-elles parlent plutôt des possibles problèmes d'insertion sociale des personnes transsexuelles.

Si ces expériences sont certes extrêmes, dans une moindre mesure et de façon moins consciente, nous sommes toutes et tous amené-e-s à avoir des comportements sexistes qui influent sur les enfants. On attend certaines manières d'être de la part des enfants, et même d'un bébé. S'il est de sexe masculin, on remarque sa force physique ; s'il est de sexe féminin, sa fragilité, ou sa douceur. Plusieurs expériences[87] mettant en scène les mêmes bébés habillés successivement en bleu et en rose montrent à quel point les adultes sondés relèvent des traits propres à la représentation qu'ils-elles ont du genre de l'enfant, indépendamment de toute question biologique. Lorsque l'enfant est présenté comme une fille, les adultes percevront des attitudes et émotions traditionnellement jugées féminines (beauté, douceur, etc.) ; à l'inverse, le même enfant montré comme un garçon sera considéré comme ayant des caractères masculins.

Le sexisme se situe non seulement dans le choix des jouets, mais aussi dans leur nombre. En effet, les jeux offerts aux filles sont moins nombreux et le budget moins élevé ; cela est lié au fait que les adultes les poussent à quitter plus précocement le monde des jouets en leur offrant plutôt des vêtements, bijoux, accessoires, etc.[88], et en le sollicitant pour qu'elles s'adonnent aux « joies » de l'aspirateur et du baby-sitting, en grandeur nature cette fois-ci.

Le sexisme influe donc sur l'environnement des enfants, et ce à tous les stades : des parents aux vendeurs et aux fabricants de jouets.

LE MARCHÉ DES JOUETS SEXISTES

La quantité de points de vente, de produits et d'achats, conditionne largement l'impact des valeurs et stéréotypes véhiculés par les jouets et jeux.

Les chiffres

Selon l'essayiste François Brune, les enfants sont aujourd'hui devenus une cible nouvelle et spécifique du marketing et de la publicité, si bien que l'on ne devrait plus parler d'« enfant-roi » mais d'« enfant-proie »[89].

Le marché français des jouets et jeux représente 3,6 milliards d'euros, dont 30 % pour les seuls jeux vidéo[90]. Ces jouets et jeux sont vendus en France pour plus d'un tiers dans des magasins spécialisés et pour presque moitié dans les grandes surfaces (supermarchés)[91]. La moitié des achats se font à Noël.

Sur les emballages et dans les rayons

Caractéristiques des emballages

Pour les filles, les emballages sont de couleur pâle (plus ou moins proche du rose). Presque toutes les boîtes de maquillage, stylisme, poupées et poupons, sont dotées de représentations (photos ou dessins) de fillettes. La typographie sur ces emballages est plus petite, plus légère que celle utilisée pour les garçons.

À l'opposé, les emballages associés aux jouets pour garçons ont des couleurs vives et franches, de plus en plus agressives à mesure que les jouets s'adressent à des enfants plus âgés : *Star Wars*, Action Man, uniformes de CRS, etc.

Les « cubes d'expérience », proposés par le fabricant Mehand sur de multiples sujets scientifiques, paraissent *a priori* plus neutres, mais ces boîtes sont souvent illustrées avec un petit bonhomme ou la photo d'un petit garçon, jamais une femme ou une fille. On constate que ce qui est neutre est en fait destiné au genre masculin. La différence (ce qui est défini et restreint), c'est le féminin.

La mise en scène des rayons

Les rayons sont nettement délimités. D'un côté, on trouve l'univers des filles, dans les mêmes tons que les emballages et, de l'autre, les espaces « bricolage » avec leurs faux outils, le coin « guerre », etc., nettement destinés aux garçons.

Le rayon « Mes découvertes », chez Toys'R'Us (Paris – La Défense), qui contient des jeux éducatifs sur les sciences (astronomie, observation des insectes, petits chimistes, squelettes de dinosaures, etc.) est indiqué par un panneau bleu portant la photographie d'un petit garçon. Dans ce magasin comme dans de nombreux autres, l'esprit scientifique s'acquiert au masculin, et non au féminin.

La différenciation d'un même objet en fonction du sexe de l'enfant

De nombreux jouets sont similaires dans leurs fonctions, mais présentés de manière différente aux filles et aux garçons. On trouvera ainsi des puzzles (par Djeco), avec « Victor le Pirate » (ou un chevalier), dans une boîte bleue, et « Charlotte la Princesse » dans une boîte rose. Paper art 3D par MB Creation est proposé dans une grande boîte bleue présentant la photo d'un garçon fabriquant un éléphant ou un aigle, ou dans une petite boîte rose présentant la photo d'une fille fabriquant un chiot ou un chat.

Mehand propose deux sortes de machines à écrire. La première porte le sigle Barbie, avec un emballage rose comportant une photo de petite fille, la seconde est plus « mixte », avec un emballage bleu et orange montrant les photos d'une fille et d'un garçon. Cette dernière est nommée « machine à écrire avec système de codage top secret », elle a donc une présentation plus ludique que la première.

Le rôle sexiste des marques

Les marques prennent une place de plus en plus prépondérante. Elles occupent souvent un rayon entier, comme Playmobil ou Lego, et sont parfois encore plus repérables via les figures géantes du très viril Superman ou de la très féminine Bratz.

De plus, de nombreuses marques « pour adultes » sont associées aux jouets. Ainsi, les marques de produits alimentaires (Bonduelle, Kellogg's, etc.) sont présentes dans les jouets type caisses enregistreuses et caddies, tandis que les jouets type cuisinières arborent des marques telles que Tefal ou Seb. Les machines à coudre, aspirateurs et fers à repasser ne sont pas en reste (Moulinex). Du côté des jouets « garçons », on trouvera des petites voitures Ferrari ou des perceuses Black & Decker.

L'association marque et jouet réalise deux apprentissages normatifs au travers d'un seul : celui de son rôle sexué et celui de l'achat de marques précises dont on reconnaîtra le vrai produit pour adulte, produit lui-même lié à une activité genrée.

Les produits dérivés des films, dessins animés et autres séries

Les dessins animés et films vont bien souvent de pair avec des produits dérivés mais toujours différenciés, que ce soit *Winx* et *Dora* pour les filles, ou les *Chevaliers du Zodiaque* et *Pirates des Caraïbes* pour les garçons.

Disney incarne cette manière de faire. Il ne met pas seulement des films sur le marché, mais aussi une profusion de produits dérivés. Ceux-ci diffusent les valeurs du monde Disney. Ces jouets sont surtout destinés aux petites filles, et utilisent les figures célèbres de la marque, qui sont souvent des princesses ou des sirènes, belles et attendant leur prince charmant (Jasmin). Rarement destinés aux garçons, les jouets Disney sont « pour filles » (figurines de princesses de contes de fées, miroirs, etc.) ou considérés comme « mixtes » (c'est-à-dire essentiellement des peluches pour les plus petit-e-s).

Dans la publicité et la presse spécialisée

« Les catalogues de jouets (et les publicités télévisées) font partie de ces modèles dominants "sous-jacents à la distribution des rôles sexuels dans notre société". »[92]

La télé et les enfants

Les enfants de 4 à 10 ans passent en moyenne près de quinze heures par semaines devant la télévision[93]. Des programmes leur sont donc logiquement entièrement destinés. Par conséquent, la publicité qui les entrecoupe l'est aussi. Mais la pub ne se contente pas de passer entre deux programmes, les dessins animés eux-mêmes contiennent de nombreux messages publicitaires[94]. Par exemple, dans un programme phare de TF1, Totally spies, les héroïnes sont des espionnes constamment en train de faire du shopping, de préférence d'accessoires typiquement féminins. Ce dessin animé permet ainsi la promotion des diverses marques utilisées par les personnages et des nombreux produits dérivés de la série (jeu vidéo, etc.).

Les valeurs transmises par les publicités pour les jouets

Le marketing du jouet s'appuie sur une publicité importante : « Les industriels de ce secteur y consacrent 5 % de leur chiffre d'affaires [alors que la proportion est de 1,3 % pour l'ensemble de l'industrie]. Ce budget est essentiellement destiné à l'édition de catalogues »[95].

Pour les garçons, les valeurs viriles sont présentes non seulement dans le jouet lui-même, mais aussi dans sa mise en scène. En effet, les petits garçons sont généralement représentés dans ces pubs à l'extérieur, en pleine action. La publicité autour du produit renforce le caractère sexiste de celui-ci, reprend les clichés de la virilité liés à la guerre, à la force, au courage, à la victoire, à la prise de risques, etc., par la voix et l'intonation de l'annonceur, la musique, la mise en scène. À l'inverse, pour les filles, les pubs représentent un univers rose bonbon où elles s'occupent tendrement de poupons, au calme dans leur chambre, ou encore se maquillent, se parent de bijoux, se coiffent, bref, soignent leur apparence.

La presse pour fillettes

« Les jeux font partie d'un ensemble plus vaste (littérature, dessins animés, séries télévisées, etc.) dans lequel on retrouve toujours à l'œuvre les mêmes stéréotypes. »[96]

En 1998, après plus de vingt ans de presse enfantine mixte, les éditions Milan lancent *Julie*, un magazine destiné aux filles de 8 à 12 ans. Peu de temps après paraissent *Manon, Witchmag, Zaza Mimosa, Les P'tites Princesses, Les P'tites Sorcières* et, enfin, en 2006, *Les P'tites Filles à la vanille* (pour les fillettes de 3 à 5 ans). On renoue ainsi avec la tradition des revues pour filles comme *La Semaine de Suzette, Lisette, Bernadette,* etc., apparues au début du XXe siècle, qui parlaient de travaux d'aiguille, de bonnes manières, de mode vestimentaire, de danseuses étoile, etc., et qui avaient disparu dans les années 1970.

Qu'est-ce donc que cette presse réservée aux filles ?

Julie se dit « mensuel éducatif ». Les offres d'abonnement précisent que la revue « aborde des sujets divers et toujours éducatifs », ou encore qu'elle est faite « pour les curieuses qui veulent tout connaître et apprendre toujours plus ». Il en va de même pour *Manon*, qui « aide les petites filles à mieux comprendre le monde qui les entoure ».

Dans chacun des numéros de ces différents magazines, on verra en effet quelques articles à vocation didactique qui renseignent les lectrices sur des sujets tels que « pourquoi on éternue ? », ou « pourquoi les cactus ont des épines ? ». On peut trouver ça et là quelques bribes d'actualité : un article sur l'immigration, par exemple. Des questions concernant l'école ont aussi leur place. Les lectrices se voient également proposer de temps en temps une rubrique sur les derniers livres, disques et films sortis.

À côté de ces quelques pages, figurent des fictions courtes et des bandes dessinées. Ces différents récits contiennent, comme la plupart des livres jeunesse, de nombreux stéréotypes sexistes. Les lectrices des *P'tites Filles à la vanille*, par exemple, retrouvent, chaque mois, les aventures de Vanille. Une de ces histoires raconte les malheurs de la petite fille, qui désespère que l'on s'occupe d'elle puisque, tandis que son père lit le journal et s'instruit, sa mère bavarde au téléphone. Le reste des pages de cette presse spéciale « filles » est partagé entre la mode, la beauté, les conseils psychologiques, les tests et les recettes de cuisine.

Tous ces titres délivrent des conseils de mode et de coiffure : « Comment réaliser des coiffures de fête avec plumes, strass et paillettes », pour *Les P'tites Sorcières*, d'ingénieuses astuces pour « réaliser un sac top joli et un collier tout mimi », pour *Julie. Witchmag* nous indique « comment être la plus belle » : « Une jolie coiffure, un soupçon de maquillage et, ce soir, la plus belle, ce sera toi ». Dans ces pages aussi, de nombreuses photos (qui rappellent celles de *Elle* ou *Vogue*). Comme les jouets destinées aux filles, ces magazines se focalisent ainsi sur l'apparence, la mode, la séduction.

Cette presse regorge aussi de conseils psychologiques. Ainsi, *Julie* nous apprend « la vérité sur les garçons » quand *Witchmag* nous livre « cinq trucs anti-solitude ». Il s'y greffe parfois également des rubriques « people », telles que « le club des fans » dans les *P'tites sorcières* ou « fan de ... » dans *Julie*, qui leur apprennent tous les petits secrets de leurs idoles.

Tout comme la presse féminine, ces magazines pour petites filles proposent des tests « psycho » afin que les lectrices puissent évaluer « à quoi elles sont accros » ou « quelle mère elles seront » (et non « seraient », parce qu'il va sans dire que c'est leur avenir).

Les recettes de cuisine, sous forme de fiches, comme pour leurs aînées, ont également droit de cité. Elles apprennent aux petites filles à devenir des reines des cakes aux légumes ou des gratins de polenta au parmesan.

Les périodiques pour fillettes sont donc plus proches du magazine féminin que du magazine mixte pour enfants. À la manière de la presse destinée aux femmes, ils propagent des stéréotypes sexistes, véhiculent l'image d'une femme très préoccupée par son apparence et poussent à la consommation. En fait, ils préparent les petites lectrices à devenir de futures femmes « modèles », autrement dit de bonnes cuisinières, d'excellentes mères, des femmes séduisantes, accros à la mode et à la presse féminine – n'oublions pas par exemple que le groupe Hachette Filipacchi Médias, qui édite *Witchmag*, produit également *Femina, Mode pratique* ou *Elle*.

Laissons la conclusion de ce développement à la sociologue Sandrine Vincent : « Filles et garçons sont invités à reconnaître dans les messages publicitaires les qualités sociales qu'on attend d'eux-elles. Les filles se devront d'être calmes, douces, mignonnes, tandis qu'on attend des garçons qu'ils soient actifs, brutaux, performants.

Ces messages reproduisent et amplifient les stéréotypes de sexes, comme si les jouets "programmaient filles et garçons à d'évidentes fonctions sociales sexuellement différenciées". Rien d'étonnant dans ces conditions à ce que filles et garçons demandent et reçoivent les jouets qui leur ont été symboliquement suggérés »[97].

ALTERNATIVES ET LUTTES

QUELLES ALTERNATIVES ?

Nous l'avons vu, les stéréotypes sexistes présents dans les jouets ne peuvent être considérés comme de simples « repères » qui aideraient les enfants à se construire ; au contraire, ils sont nuisibles à l'épanouissement des individu-e-s, à l'égalité entre les genres et, plus largement, à des rapports sociaux fondés sur le respect de la liberté individuelle. On sait que les stéréotypes conduisent les filles à penser qu'elles sont réellement inférieures et à s'autocensurer[98], ils encouragent les garçons à se faire le relais de la discrimination. Comment permettre aux plus jeunes d'échapper à ces normes aliénantes ? Comment, à travers le jeu, leur offrir l'occasion de s'affirmer en tant que personne, et pas nécessairement en tant que fille ou garçon ?

À bien y regarder, les jouets qui occupent les rayons des supermarchés sont, sur le plan ludique, assez limités. Tout jouet est porteur d'un scénario écrit à l'avance qui va orienter le jeu. Plus un jouet reproduit de manière réaliste un objet quotidien, plus il est susceptible de resserrer ce scénario. Il en va de même pour les jouets qui se réfèrent à un univers préexistant (film, dessin animé, etc.) : ces objets prêts à l'usage portent à reproduire passivement le modèle. Bien sûr, rien n'empêche l'enfant de faire de sa Barbie une championne de kung-fu, ni de son Action Man un homme sage-femme. Simplement, ces figurines sont « programmées » pour les conduire vers un imaginaire tout autre. Dès lors, pourquoi ne pas privilégier les jouets qui laissent la place à l'invention, qui élargissent la dimension du jeu ?

Le jeu, activité « volontaire, convenue, séparée et gouvernée »[99], représente une forme de mise à distance du réel, un moment isolé de la vie courante, qui possède ses propres règles et qualités. L'activité ludique peut constituer une échappatoire vis-à-vis du quotidien, mais elle peut aussi renforcer de manière positive notre lien avec le réel et les autres. Pour constituer un support de créativité idéal, le jouet doit être suffisamment neutre et riche. Moins les distinctions de genre et d'âge sont marquées et plus l'enfant est invité à mettre en place une partie du jeu lui-même, plus grande est la marge de liberté.

Si le jouet industriel s'est surtout développé pour combler la solitude de l'enfant, le jeu, lui, se présente plutôt comme une expérience collective. Plutôt que de favoriser l'intégration des stéréotypes, celui-ci peut permettre à l'enfant d'avoir confiance en lui et de prendre sa place dans le groupe. On peut recenser différentes pistes pour inviter les enfants à jouer autrement, sans pour autant instaurer de nouvelles normes.

Sortir du consumérisme

Il est possible de stopper la course effrénée vers toujours « plus » de jouets à la mode. On peut, déjà, ne pas acheter de jouets neufs... On peut se procurer des jouets d'occasion dans les brocantes, faire du troc ou en fabriquer soi-même et, s'ils sont cassés, les réparer plutôt qu'en acheter de nouveaux. On peut aussi profiter du réseau national des ludothèques, ces espaces qui donnent accès à des centaines de jouets et de jeux. Il suffit de s'inscrire pour venir y jouer librement, emprunter des jouets et des jeux, et participer à des animations ludiques. Ces équipements culturels dont l'intérêt est encore insuffisamment reconnu encouragent l'échange et le partage, entre les jeunes et entre les générations[100]. Le jeu, source de plaisir et de liberté, est essentiel à la culture humaine : sa limitation à une classe d'âge est donc réductrice. D'autant qu'il peut devenir un lieu de dialogue entre adultes et enfants, comme il en existe finalement peu.

Jouer autrement

Les adultes, responsables des jouets qu'ils mettent entre les mains des enfants, peuvent aussi encourager la circulation des jouets entre les sexes et « redistribuer » les jouets les plus intéressants à toutes et tous. Les jeux de construction et d'initiation aux sciences, par exemple, gagneraient à être investis par les filles. Alors que les jeux liés à la mode et au déguisement, ou le maquillage, devraient être autorisés aux garçons. Eux aussi ont le droit de se parer et de changer d'identité. Quant aux jeux de « pouponnage », ils sont communs à tous les jeunes enfants, qui ont besoin de transposer leur vécu dans leur relation avec la poupée. Tant qu'ils-elles le désirent, pourquoi ne pas laisser garçons et filles jouer librement aux parents – sans obligatoirement utiliser des jouets hyperréalistes ou les répliques exactes des accessoires pour bébé ? Face aux mises en scène des enfants, l'adulte peut aussi valider ou suggérer des scénarios familiaux moins normés : une histoire d'amour entre deux Barbie, un groupe qui emménage dans la même maison, un personnage qui a plusieurs amoureux et/ou amoureuses, des familles qui adoptent des enfants, etc.

Les enfants aiment imiter les gestes des adultes. Quand c'est possible, on peut les encourager à participer à la vie quotidienne, d'autant que les fillettes comme les petits garçons apprécient généralement de se rendre utile. Il suffit d'adapter l'activité à leur rythme. Tant qu'ils-elles le font pour le plaisir, ils trouveront souvent plus intéressant de nettoyer vraiment plutôt que de jouer avec un faux aspirateur. C'est un moyen de valoriser l'enfant, tout en l'intégrant aux activités de la maison.

L'un des ressorts du jeu est qu'il permet d'éprouver ses capacités physiques, sensorielles et mentales, de les maîtriser, et d'exercer sa créativité. Pour s'éloigner des produits monotones issus de l'industrie du jouet, on peut se tourner vers les jeux artisanaux, traditionnels ou récents. Le « patrimoine ludique de l'humanité » est immense puisque chaque culture produit ses propres jeux. Les jeux d'adresse, de construction, de hasard ou encore de stratégie sont un moyen de découvrir d'autres manières de penser et de percevoir. Dans l'Hexagone, plusieurs associations s'attachent à faire redécouvrir les jeux anciens ou lointains à toutes les générations[101].

On peut facilement mettre en place une grande diversité de jeux fondés sur la perception. On peut citer les jeux manuels (bricolage, sculpture, etc.), autour du son (musique, chant, lutherie, etc.), les jeux qui utilisent l'environnement (cerf-volant, boomerang, etc.). La confiance dans son corps, ses capacités musculaires, son endurance et ses réflexes, est une chose importante à transmettre aux enfants, et en particulier aux filles. Ces dernières, prises dans la croyance qu'elles sont physiquement inférieures[102] et peu habituées à la confrontation, peuvent aussi tirer les bénéfices de jeux d'opposition comme les arts martiaux : elles pourront désapprendre la passivité et renverser le « mythe de la fragilité ». La danse, qui privilégie l'écoute, peut, elle, contribuer à rendre les garçons plus attentifs à ce qui les entoure et à appréhender leur corps comme un moyen d'expression. Les jeux « circassiens » offrent, pour tous, une alternative à la compétition. Jeux d'équilibre et de vertige, acrobaties, jonglage, etc., permettent d'explorer les possibilités corporelles et, à travers la prouesse, de créer des émotions chez les spectateurs.

Des objets éducatifs

Le jouet peut devenir un outil de connaissance, non pas en inculquant un savoir à l'enfant, mais en lui donnant l'occasion de vivre une expérience. L'exemple de la pédagogue Maria Montessori, qui s'est servi de l'objet comme vecteur d'apprentissage, est en ce sens intéressant. Cette médecin italienne considérait que, si l'enfant désire apprendre, il est capable d'acquérir des connaissances seul, en se fondant sur sa propre expérience. Dans les années 1920, elle a ainsi mis au point une pédagogie centrée sur des objets spécialement conçus pour être manipulés (la main étant pour elle le « professeur principal de l'enfant »). Ces objets de forme, de couleur et de matière diverses (boîtes à odeurs, plaquettes de couleurs, cubes ou tissus...) permettent à l'enfant de prendre conscience de sa perception et de s'initier, par exemple, à l'arithmétique ou à la géométrie. Un philosophe allemand, Hugo Kükelhaus, a imaginé, à la fin des années 1960, des objets comparables pour un usage ludique. Au Sensorium, à Rüttihubelbad, en Suisse, on peut visiter ses « stations expérimentales », destinées à « muscler » les sens. Le corps des visiteurs est dépaysé et peut inventer des rapports inhabituels ou inconnus avec son nouveau cadre[103]. L'un des intérêts du jeu est bien qu'il est un chemin vers la création, comme renouvellement de notre rapport au monde. « On ne saurait appeler création ce qui n'est qu'expression personnelle dans le cadre de moyens créés par d'autres. La création n'est pas l'arrangement des objets et formes, c'est l'invention de nouvelles lois sur cet arrangement », écrivait Guy Debord[104].

Éduquer contre la violence

Nous considérons que les jouets guerriers, parce qu'ils banalisent la guerre et l'assassinat, doivent être écartés des objets offerts aux enfants. Si le petit garçon ou la petite fille éprouve l'envie de « jouer à la guerre », il-elle a la possibilité d'inventer une arme en détournant un objet ou simplement en le mimant. Le revolver réaliste représente un encouragement à une forme d'agressivité gratuite et une incitation à imiter les conflits armés réels, qui se trouvent ainsi légitimés. L'un des problèmes posés par les jouets guerriers est qu'ils conditionnent à ne pas prendre en compte les souffrances que produisent une balle ou un missile. Ces jouets s'affirment comme des symboles de domination sur l'autre, en même temps qu'ils appauvrissent la capacité à imaginer. Sans compter qu'il existe d'autres manières de libérer son excitation ou sa colère.

Éduquer contre le sexisme signifie aussi éduquer contre la violence. Il faut montrer aux enfants que l'on ne peut que rarement résoudre les problèmes et conflits par la violence. Et commencer par condamner la violence éducative, autrement dit les châtiments corporels et l'humiliation. Le respect, la responsabilisation et la relation de confiance sont, par ailleurs, plus efficaces, d'un point de vue éducatif, que le rapport de force. Les spécialistes de l'éducation à la paix le soulignent, il est crucial de pouvoir parler de l'injustice et de la violence avec les plus jeunes, eux-mêmes en étant témoins, victimes ou auteurs. Faire de la violence un tabou, c'est risquer de cultiver une fascination chez certains, en particulier chez les garçons. Le psychiatre Serge Tisseron, qui a analysé les effets des images violentes sur les jeunes, affirme la nécessité d'encourager les enfants à exprimer les émotions qu'ils éprouvent. Il faudrait aussi, selon lui, « créer des espaces où ils sont invités à créer leurs propres images, à les transformer, à les manipuler, et des espaces où ils sont invités à les mettre en scène en groupe, de manière ludique et créative »[105].

Le jeu peut aussi représenter un espace où exercer la confiance en soi, l'écoute et la communication, la coopération et la créativité, autant de capacités précieuses pour apprendre à résoudre les conflits de manière positive. Le théâtre et les jeux de rôle offrent la possibilité d'expérimenter d'autres identités, et de se familiariser avec la communication verbale et non-verbale – des compétences dont les garçons seraient les premiers à tirer parti. Les jeux dits coopératifs, qui privilégient le temps du jeu comme moment de partage, véhiculent des valeurs autres que la compétition et l'élimination. « Le principe de [ces jeux] repose sur la poursuite d'un objectif de groupe qui ne pourra être réalisé que par l'entraide et la solidarité entre les joueurs, explique l'association Non-violence actualité. Le défi proposé nécessite la mobilisation de chacun et la concertation de tous. »[106]

Sensibiliser les enfants à la réalité du monde qui les entoure fait partie de l'éducation. En évoquant avec eux et elles le sexisme, il ne s'agit pas de les désespérer, mais de leur offrir des outils de compréhension et des ressources pour lutter contre les discriminations. Comme l'explique la pédagogue Éveline Charmeux, « donner les vraies règles du jeu social est le seul moyen de les faire évoluer »[107]. Pour autant, il n'est pas question de charger l'enfant d'une mission (féministe ou autre), mais plutôt de lui faire comprendre que, s'il le souhaite, il peut œuvrer pour modifier la société dans laquelle il vit. Comme l'écrit Denis Langlois, « il faut lui dire qu'il y a un plaisir, une satisfaction à agir, à se dépasser, à ne pas rester passif, à ne pas regarder comme un spectateur le monde tourner autour de soi, à être en accord avec ce que l'on pense »[108]. On le voit, on peut encourager les enfants à s'approprier différemment les jouets du commerce, préférer des jouets plus riches en potentiel ludique ou en inventer d'autres. En tous les cas, on peut montrer aux enfants qu'il existe bien d'autres choses que les jouets « classiques », et qu'il est légitime de contester les normes.

POUR UNE SOCIALISATION ALTERNATIVE DES JEUNES ENFANTS PAR LE JEU[109]

Pour les très jeunes enfants, le jeu est une activité spontanée guidée par le plaisir et leur seule volonté. Toutefois, c'est une activité très sérieuse, qui focalise toute leur attention. Ils-elles sont à ce moment là extrêmement consciencieux-ses, appliqué-e-s et toujours très impliqué-e-s.

Le fait que certains jeux imitent la réalité, que d'autres construisent des mondes imaginaires, qu'ils soient de simples façons de s'amuser ou de dépenser leur énergie, tout cela n'implique pas que les enfants y instaurent une hiérarchie. Tous ont de l'importance à leurs yeux.

En effet, à travers le jeu, en inventant, en improvisant et en expérimentant, les enfants développent leur créativité, exercent leur pensée logique et leur réflexion. Le fait de jouer rendra possible des développements moteurs et cognitifs, et sera vecteur de communication entre enfants, mais aussi avec les adultes. Par conséquent, sans relever d'un projet pédagogique précis, tout jeu est déjà éducatif en soi.

Jouer ou éduquer ?

Il est presque toujours préférable, dans une optique émancipatrice, que le jeu soit principalement mené par la dynamique des enfants.

Très tôt, ceux-ci sont capables de distinguer le réel de l'imaginaire. Par exemple, le fait qu'elles-ils aiment particulièrement s'inventer des univers ne veut pas dire qu'elles-ils pensent réellement que leur poupée pleure, que leur grenouille vole ou que leur papa se transforme en chien...

Les adultes devraient accepter plus facilement de se laisser surprendre par les initiatives des enfants, leur faire davantage confiance et ne pas, sous prétexte d'apprentissage, les enfermer dans des normes arbitraires en édictant constamment des règles et des consignes.

Car, sous couvert de vouloir les éduquer et les structurer socialement, les parents ou les éducateurs-trices surinvestissent fréquemment leur rôle en proposant des jeux trop guidés et trop contraints. Ils-elles continuent bien souvent de choisir pour les enfants des jouets ou des jeux spécifiques attribués à chaque sexe.

Souvent aussi, les adultes, même si ce n'est pas toujours totalement conscient, valorisent de façon explicite certains comportements conformes à la norme alors qu'ils-elles stigmatisent d'autres attitudes ou choix jugés inconvenants. Par exemple, on fait sentir et on exprime clairement aux garçons que ce n'est pas leur rôle de nourrir un poupon, alors que, dans le même temps, on encourage et on incite les filles à le faire.

De même, les adultes ont des attitudes distinctes selon qu'ils jouent avec une fille ou un garçon. Souvent, les pères se montrent plus exigeants que les mères car ils sont plus attachés au respect des normes culturelles relatives aux rôles sexués. Ils peuvent plus souvent que les femmes se montrer misogynes ou homophobes. Même si les raisons qui les motivent ne sont pas nécessairement réfléchies et que les arguments avancés peuvent différer, certains interdits semblent faire consensus.

Or, les enfants sont très réceptifs aux réactions des adultes et à leurs attentes. La construction de soi n'est jamais vraiment détachée du regard et du jugement de l'autre. Dans le devenir fille ou garçon, les enfants comprennent, en décodant les instructions données par les adultes, qu'ils-elles doivent respecter leur appartenance à l'une ou l'autre des catégories sociales sexuées, et ce, dès l'âge de 2 ans, même sans comprendre pourquoi. Le comportement et les réactions des adultes vont renforcer le conformisme des enfants par rapport aux normes, niveler et inhiber la diversité de leurs personnalités et de leurs aptitudes. Et les enfants eux-mêmes vont prendre part à ce mécanisme. En réaction aux pressions éducatives, on relève à des âges très précoces des comportements genrés qui se superposent à leurs activités spontanées.

Il est difficile de dire ce qui fait que certains enfants auront tendance à se conformer aux attentes qu'expriment la société alors que d'autres auront tendance à les transgresser, qu'il s'agisse de normes liées au genre ou à la « discipline ». Il n'en reste pas moins que les adultes auront à « gérer » les attitudes des enfants par rapport à ce qu'on essaie de leur inculquer. Certain-e-s sembleront à l'aise dans cette norme, tandis que d'autres en souffriront, de façon plus ou moins détectable, en manifestant parfois des attitudes provocatrices ou en retournant vers elles-eux la violence des contraintes qu'on leur impose.

Socialiser autrement

Il est donc primordial que les parents, mais aussi les professionnel-le-s de la petite enfance, intègrent cette réflexion. Car éduquer un-e enfant, c'est le-la libérer des contraintes artificielles qui empêchent son libre choix, c'est susciter chez elle-lui le plaisir et le désir d'explorer, de manipuler ce qui constitue son environnement.

Nous énumérons ici quelques pistes de réflexion quant à l'attitude qu'il peut être profitable d'adopter pour éduquer et socialiser autrement, dans une visée émancipatrice, bien sûr.

Plutôt que de bombarder constamment les enfants de jugements normatifs qui explicitent des règles et des interdits ou qui les sous-entendent par des attitudes encourageantes ou stigmatisantes, on peut très bien imaginer que les adultes sollicitent plutôt l'avis des enfants sur leurs propres pratiques, jeux, dessins ou productions diverses en leur laissant le soin d'observer et d'expliquer par eux-mêmes.

L'adulte peut tout à fait accompagner la dynamique de l'enfant sans l'évaluer. Par exemple, plutôt que de juger un dessin (sa qualité, sa « beauté » ou sa conformité à une norme), l'adulte peut simplement demander à l'enfant si son dessin est terminé et s'il-elle en est content-e. Il est important que les conseils, les consignes et les formulations de ce qui est vécu par l'enfant lui soient signifiées de façon positive. L'être humain ne s'épanouit pas dans la négation, l'interdit ou le dénigrement, mais par l'information et l'explication.

De même, pour favoriser l'épanouissement des individualités de chaque enfant ainsi que leur autonomie et leur créativité, il est préférable de ne pas les noyer sous une quantité inimaginable de jouets. Il est bien plus stimulant de leur proposer des jouets peu sophistiqués qui n'imposent pas un usage unique préétabli mais qui laissent plus facilement libre cours à leur imagination.

Pour les enfants, les jeux de construction sont un excellent moyen d'appréhender le monde qui les entoure et de se construire une personnalité, les scénarios variant à l'infini. Plus ils-elles grandissent et plus les variations sont nombreuses et stimulantes. Il est essentiel que garçons et filles puissent s'y amuser.

Il nous semble par ailleurs important que les adultes soient vigilants à l'utilisation sexiste du langage. En français, le fait d'utiliser systématiquement le masculin pluriel pour désigner un groupe favorise à la longue l'invisibilité des filles. On peut très facilement dire « les copains-copines » plutôt que « les copains », ou encore « vous allez toutes et tous regarder ceci » plutôt que « vous allez tous regarder ceci ».

De même, on peut éviter, en tant qu'éducateur-trice, de renforcer les stéréotypes sur les rôles sexués en n'évoquant pas constamment les mamans (« C'est l'heure des mamans », « C'est Maman qui t'a coiffé-e... ») et en préférant parler systématiquement des parents.

Il est nécessaire d'être attentif au désir de l'enfant et à ses choix afin qu'il-elle puisse s'exprimer pleinement et sereinement, sans *a priori* ni honte. L'adulte se doit d'expliquer aux enfants que les filles et les garçons peuvent aimer de la même manière les poupées, les voitures ou les jeux de construction, et qu'elles-ils ont le droit d'exprimer ces préférences. Encouragé par un environnement capable d'empathie à son endroit, l'enfant se sentira autorisé à développer ses qualités et intérêts en dehors des contraintes liées aux stéréotypes de sexe.

Il serait bon de relever le caractère arbitraire et culturel des conventions sociales et de le soustraire du regard de l'enfant. Par exemple, en offrant un panel plus large de couleurs (que le rose et le bleu) et en ne faisant pas de distinguo dans les jouets pour filles et garçons. Privilégier les poupées androgynes, plutôt que celles assujetties aux critères de la mode.

L'aménagement de l'espace destiné à l'enfant et le choix des jeux est important pour favoriser sa prise d'autonomie, ses interactions et sa construction identitaire. Cet environnement construit fait partie de ce que les adultes veulent transmettre symboliquement à chaque enfant, il sera donc structurant pour elles-eux. Il est important qu'il ne soit pas conçu de façon strictement genrée, pour offrir un maximum de possibilités et permettre l'éveil des personnalités et des aptitudes.

L'intervention de l'adulte dans l'organisation de jeux est très intéressante et revêt toute son importance si la formulation des règles n'est pas restrictive mais va dans le sens de l'élargissement des possibles, concernant par exemple la répartition des rôles que l'on donne aux garçons ou aux filles. De la même manière, quand on raconte une histoire, quand on crée des déguisements ou des personnages, il est intéressant de réinventer les rôles genrés.

Pour l'enfant, jouer est un plaisir qui lui permet de structurer et de construire sa personnalité. Les adultes doivent favoriser la liberté de jouer et l'expression de la créativité, sans présager de ce qu'il est bon qu'il-elle crée. Chaque enfant doit pouvoir trouver dans son environnement ce qui va lui permettre de mettre son jeu en scène. Le travail de l'adulte est d'aménager des espaces et de choisir les jeux mis à disposition, mais aussi d'être un-e observateur-trice attentif-ve, qui laisse l'initiative à l'enfant, propose et encourage parfois, mais sans intrusion et toujours de façon respectueuse.

L'éducation ne doit pas imposer une norme unique appauvrissante, mais rendre la construction de normes diverses et concurrentes possible, favoriser la prise d'autonomie pour permettre à chaque enfant de se réaliser pleinement et de s'affirmer comme « je » parmi les autres, indépendamment de son sexe et du rôle qui lui est socialement assigné.

Lorsque les enfants grandissent (vers 8 ans), ils-elles assouplissent leur façon de penser. Ils-elles gagnent en maturité intellectuelle, ce qui leur permet de concevoir une possible transgression des stéréotypes sexués sans perdre leur identité. Toutefois, les adultes doivent se permettre d'intervenir avec tact dans ce processus de construction de la personnalité et le baliser de valeurs sûres qui invitent à des conduites non sexistes.

Il est important de promouvoir des modèles de femmes et d'hommes qui présentent des qualités intéressantes à développer, ainsi que d'amener les enfants à se sentir autorisés à adopter des conduites non traditionnelles ou encore à parler sans gêne ni honte de ce qu'ils-elles peuvent vivre. Ou bien encore, inviter les enfants à résoudre eux-elles-mêmes des conflits qui mettent en cause l'appartenance à l'un ou l'autre sexe.

Enfin, pour les éducateurs-trices, il est nécessaire de favoriser l'épanouissement de l'enfant en tant que personne unique et sexuée par des activités véhiculant des valeurs de respect, de collaboration et d'amitié entre filles et garçons.

Si l'on veut que les mentalités évoluent vraiment, il est nécessaire de réfléchir les rapports sociaux de sexe dans une optique égalitariste. Il est indispensable que les adultes aient réfléchi à ces problématiques et soient conscients de leurs actes et de ce qu'ils impliquent.

Il serait bienvenu de mettre au jour les questions autour des pratiques éducatives liées aux thèmes de la mixité, de la parité et du genre au sein de la formation des professionnel-le-s de la petite enfance et de l'enfance (éducateurs-trices, puériculteurs-trices, auxiliaires, assistant-e-s maternelles, animateurs-trices).

Il faudrait bien entendu plus de mixité dans ces métiers, car on y rencontre toujours une écrasante majorité de femmes. On peut s'interroger sur ce que cela implique dans la construction identitaire des enfants, notamment quant à l'image qu'ils-elles auront des femmes, cantonnées dans un rôle maternant, et à celui des hommes, plutôt distant.

À QUOI RESSEMBLENT LES LIVRES DE JEUNESSE NON SEXISTES ?

Dans le préambule de cet ouvrage, nous avons exposé le déséquilibre criant dans le traitement littéraire des filles et des garçons en faveur de ces derniers, ainsi que le fort stéréotypage des personnages masculins et féminins, particulièrement dans les livres et albums jeunesse.

À cela s'ajoute un phénomène nouveau qui contribue à renforcer les inégalités. Il s'agit de la réapparition des séries dans le paysage éditorial[110]. C'est un phénomène régressif, qui ramène des années en arrière, à l'âge des « séries pour les filles » et des « séries pour les garçons ». Le sexisme apparaît souvent d'entrée : les couvertures « aux couleurs roses » pour les filles, et celles à caractère « tonique et flamboyant » pour les garçons. Bref, ce « marketing littéraire » met sérieusement à mal les avancées féministes de ces dernières décennies ! Une libraire raconte : « Aujourd'hui, quand je propose un ouvrage documentaire sur les dinosaures à une fillette de sept ans, je m'entends de nouveau dire par l'adulte qui l'accompagne que c'est plutôt là un ouvrage pour les garçons »[111].

Si la littérature a le pouvoir de conforter la reproduction des schémas, elle peut aussi à l'inverse, heureusement, contribuer à libérer l'individu de modèles enfermants. Nous avons sélectionné, ci-dessous, quelques ouvrages (essentiellement des albums) que nous qualifions de non sexistes (les personnages ne sont pas enfermés dans des rôles stéréotypés) ou antisexistes (ils dénoncent ouvertement des discriminations sexistes). Ces ouvrages – dont la liste est loin d'être exhaustive – sont soit des œuvres anciennes qui perdurent par leur qualité, soit des nouveautés.

En 1976 est publié *L'histoire de Julie qui avait une ombre de garçon*, un ouvrage clairement antisexiste. Julie ressemble à « un garçon manqué ». Or, ses parents voudraient la modeler conformément à ce qu'ils attendent d'une fille. Cela génère beaucoup de souffrance pour l'enfant. La rencontre d'un jeune garçon qui lui aussi vit une situation d'exclusion (« parce qu'il pleure comme les filles ») permet à la fillette de prendre conscience de l'importance qu'il y a à se délivrer des étiquettes.

À la même époque, Adela Turin publie de nombreux albums à visée féministe dont *Arthur et Clémentine*, réédité en 1999 chez Actes Sud Junior (illustrations de Nella Bosnia), ou encore *Rose bonbon*, réédité lui aussi en 1999. Ces albums prennent le contre-pied de situations quotidiennes en général socialement admises et non questionnées préalablement. L'album *Arthur et Clémentine* met l'accent sur les valeurs de liberté et d'égalité des sexes. Clémentine, qui ne s'épanouit pas dans sa vie de couple, décide de partir en voyage pour expérimenter une vie de liberté. L'auteure insiste sur les stéréotypes : c'est l'homme qui va travailler et qui rapporte de quoi manger au foyer. La femme, elle, reste à la maison à attendre. Ses occupations sont celles de la ménagère. Son mari ne conçoit pas qu'elle puisse être malheureuse en menant une telle vie. Il ne comprend pas qu'elle puisse avoir envie de peindre ou faire de la musique pour son plaisir. Un jour, Clémentine décide de s'émanciper en fuyant le domicile conjugal, acte soutenu par l'auteure qui note que, depuis, « bien d'autres tortues ont suivi son exemple ».

Publié en 1995, *Remue-Ménage chez Madame K.*, d'Erlbruch Wolf, est un album dans lequel l'héroïne voit sa vie basculer vers la liberté grâce à une rencontre avec un oiseau. Autrefois prisonnière de son intérieur ménager et de ses angoisses, Madame K. finit par s'ouvrir au monde extérieur.

Plus tard, en 1998, paraît un ouvrage au titre provocateur : *Mademoiselle Zazie a-t-elle un zizi ?*, de Thierry Lenain et Delphine Durand, aux éditions Nathan, collection Première Lune. Zazie est une fillette qui fait tout comme les garçons : elle grimpe aux arbres, joue au foot, et pourtant, elle a une zézette ! Cet ouvrage permet aux filles et aux garçons de prendre de la distance par rapport à des activités étiquetées pour les garçons ou pour les filles... De même, *Menu fille ou menu garçon*, de Thierry Lenain et Catherine Proteaux, constitue un album de référence. C'est l'histoire d'un papa qui accompagne sa jeune fille au Hit Burger, où sont offerts, dans le menu enfant, des poupées pour les filles et des fusées pour les garçons ! Cela commence mal. Léa a en effet un père qui n'hésite pas à chambouler l'ordre des choses et à rejeter les étiquettes. Il ne supporte pas que sa fille ne puisse recevoir une fusée (car elle préfère les fusées) sous prétexte qu'elle est une fille...

L'album *La Fée sorcière*, de Brigitte Minne, a été publié en 2000 à L'École des Loisirs, dans la collection Pastel. Cet album met en scène les relations conflictuelles entre une petite fille et sa maman. La maman fée souhaiterait que sa fille devienne une fée à son tour, conformément à ce que la société des fées attend d'une fée. Mais Marine, la fillette, souhaite vivre comme elle l'entend. Elle découvre le monde merveilleux des sorcières et se fait adopter par ce milieu, au grand désarroi de sa maman. À la fin, la mère finit par accepter d'avoir une fille non-conforme à ses souhaits premiers. Cet album cherche avant tout à montrer l'importance de la tolérance entre les êtres, tolérance qui passe par l'acceptation du fait qu'un être ne se conforme pas à ce que l'on attend *a priori* de lui.

Plus récemment encore, en 2005, l'album, *Quand Lulu sera grande*, publié par la maison d'édition Talents Hauts, met en scène une fillette qui ose afficher ses rêves les plus fous. Quand Lulu sera grande, elle veut faire beaucoup d'activités qui sont dans notre société plutôt considérées comme masculines, comme peintre en bâtiment. *La Princesse et le Dragon*, publié chez la même éditrice, renverse les rôles habituels : cette fois-ci, il s'agit d'une princesse qui doit défier le dragon pour aller sauver son prince… Après avoir mené de nombreux combats courageux, elle arrive épuisée auprès de son prince, qui ne trouve rien de mieux que de lui reprocher de ne pas avoir l'allure d'une princesse. Elle décide finalement de ne pas épouser « ce gros nul » !

Il y a aussi tous les albums qui traitent de l'homosexualité et qui, partant, offrent aux enfants un véritable support de réflexion sur la différence des sexes et des sexualités. Plus largement, ils permettent de mettre en avant la notion de liberté de l'individu quant à ses propres désirs. Par exemple, l'album *Marius*, publié en 2001 aux éditions de l'Atelier du Poisson Soluble, met en avant la vie d'un petit garçon de 5 ans dont les parents viennent de divorcer. La maman a un amoureux et le papa aussi ! Le plus dur, pour Marius, est de faire face aux remarques désobligeantes de certaines grandes personnes, parce que lui, Marius, il aime beaucoup son papa et sa maman.

Il reste que ces albums sont encore diffusés à trop petite échelle pour être visibles par le grand public. À titre d'exemple, celui de *Marius* est tiré à seulement 5 000 exemplaires. Autant dire une goutte d'eau comparée au tirage de *Martine* ! Le jour où les bibliothèques seront remplies d'ouvrages indifféremment destinés aux garçons et aux filles, les consciences elles-mêmes auront évolué…[112]

EXPÉRIENCES ET TÉMOIGNAGES

Dans un service de Protection maternelle et infantile

Par ***Colyne Henriques****, éducatrice de jeunes enfants*

Éducatrice de jeunes enfants, j'ai effectué plusieurs stages dans différentes structures d'accueil de la petite enfance. Dans un service de Protection maternelle et infantile (dont le nom laisse songeur-euse...) ou PMI, j'ai eu l'occasion d'observer de près les conduites stéréotypées des adultes et des enfants. La PMI a pour mission d'intervenir dans les domaines de prévention en direction des jeunes enfants et des futures mères (le lieu ne laisse aucune place aux pères), de conseil et de planification familiale. Cette structure met en place des actions dans différents domaines tels que des consultations gynécologiques, des visites à domicile de la sage-femme et de la puéricultrice, des examens médicaux préventifs de l'enfant, des bilans de santé en école maternelle, le contrôle des modes d'accueil collectifs, l'agrément, la formation et le suivi des assistantes maternelles, etc. Toutes les professionnelles de la petite enfance que j'y ai rencontrées sont exclusivement des femmes... Voici quelques scènes que j'ai pu y observer.

Les attitudes des professionnelles

Sarah[113], 2 ans, vient d'entrer dans la salle d'accueil de la PMI, pendant une rencontre hebdomadaire des assistantes maternelles[114] et des enfants qu'elles gardent. Elle est encadrée par une auxiliaire de puériculture et une éducatrice. Elle est habillée en rose de la tête aux pieds et porte un collier de perles assorti. Une auxiliaire de puériculture l'accueille : « Bonjour, Sarah ! Tu es très jolie avec ton collier de perles assorti, tu fais très petite fille ». L'assistante maternelle qui se tient tout près ajoute : « Elle est très coquette, Sarah », et une autre assistante renchérit : « Oh oui ! Elle est très petite fille ». Sarah sourit à tous ces compliments et va s'asseoir sagement à une table où se trouvent deux enfants vêtus de façon unisexe (t-shirt et jean), à qui personne n'a rien dit sur leurs tenues.

La façon de s'habiller participe pour beaucoup à la construction du genre, avec des codes vestimentaires et capillaires qui se calquent sur des comportements conformes à la définition du masculin et du féminin. Le langage est largement utilisé pour assujettir les enfants à un genre dans lequel ils-elles sont constamment relégués.

À la bibliothèque, une petite fille ne tient pas en place. Son assistante maternelle lit une histoire à un autre enfant et la fillette n'est pas, semble-t-il, intéressée. Cependant, le manque d'attention à son égard paraît la contrarier car elle s'approche de l'enfant qui se trouve avec l'assistante maternelle et lui assène un coup sur la tête. L'assistante maternelle, étonnée et agacée, lui dit : « Ce n'est pas bien de taper ! Tu n'es pas un garçon pour frapper les autres ou te battre ». L'auxiliaire de puériculture présente à ce moment ne relève ni le propos ni l'action. Les garçons auraient-ils un droit à la violence physique qui ne serait pas accordé aux filles ? Ce genre de discours contribuent à construire symboliquement les différences et légitime la violence des garçons sur des filles, qui n'auraient pas le droit de se défendre.

Lors d'un accueil assistantes maternelles/enfants, Mathis, 3 ans, se dirige vers l'espace où se trouvent les poussettes-jouets et les poupons et se sert. Il prend un poupon, lui met un petit gilet, puis l'assoit dans une poussette et s'en va le promener à travers la salle. Son assistante maternelle, qui le regarde, s'approche et lui dit : « Tu n'es pas une fille, tu ne veux pas jouer à autre chose ? ». Mathis s'immobilise, regarde l'adulte, puis la poussette. En tant qu'éducatrice, j'interviens et interroge l'assistante maternelle : « Qui amène Mathis le matin chez vous ? ». L'assistante maternelle répond : « C'est souvent son père ». Je poursuis : « Et comment viennent-ils ? ». Elle répond que le père emmène Mathis en poussette ou à vélo. Je lui demande alors pourquoi Mathis ne pourrait-il pas jouer à la poussette pour imiter son papa. L'argument fait mouche et l'assistante maternelle regrette son intervention, elle affirme que ce n'est pas très malin de lui avoir dit cela et va jusqu'à s'excuser auprès de l'enfant en lui disant : « Excuse-moi, Mathis, Tata n'a pas réfléchi et tu n'es pas une fille parce que tu joues avec une poussette, tu as parfaitement le droit », pour le plus grand bonheur de l'enfant, qui reprend son jeu tranquillement.

Le langage et la gestuelle des adultes adressés aux enfants sont multiples et complexes. Tout ce que l'enfant reçoit de l'adulte fait sens et l'amène à construire une identité. Il est important que les éducatrices-teurs interviennent auprès des autres professionnel-le-s afin d'initier une réflexion sur l'importance de la parole adressée à l'enfant.

La formation des assistantes maternelles, actuellement d'une durée de soixante heures, devrait être plus approfondie et leur accompagnement par le personnel de la PMI plus efficient. La réflexion sur le genre permettrait l'évolution des mœurs et de l'organisation sociale ainsi que l'acceptation identitaire et sexuelle – mais cela n'est malheureusement pas encore au programme des formations liées à la petite enfance.

L'implication des parents

Mon travail d'éducatrice révèle la complexité du travail pédagogique, il faut accueillir l'enfant et sa famille, les accompagner et les soutenir. La réalité multiple de l'éducation invite l'adulte à travailler dans l'humilité, à questionner l'intersubjectivité à l'œuvre, à s'interroger sur ses pratiques et à être conscient des valeurs véhiculées. Même s'il peut sembler délicat d'intervenir auprès des parents sur l'éducation apportée à l'enfant, il est bon d'en discuter et de questionner leurs pratiques en ouvrant la discussion sur des exemples concrets d'attitudes et de discours non genrés.

Les parents s'inquiètent souvent du fait que leur garçon joue à des jeux réputés « féminins » et qu'il devienne par là même homosexuel. La méconnaissance et l'appréhension au sujet des identités et des orientations sexuelles restent importantes.

Kevin, 3 ans, joue avec le foulard de sa mère, face à un miroir, dans la salle d'accueil. Tout en se contemplant, il change de tenues, s'enroule le foulard sur la tête, puis autour de la taille comme un paréo, c'est à ce moment-là que son père, qui contemple la scène, s'indigne et lui dit : « Tu n'es pas une fille, enlève ça tout de suite ! ». Puis, tourné vers la mère : « Il ne manquerait plus qu'il devienne homo ! ». Kevin semble surpris mais s'exécute ; quant à la mère, rougissante et sans mot dire, elle reprend son foulard.

Une mère en salle d'accueil me prend un jour à parti au sujet de l'agressivité et de la turbulence de son fils : « Il ne s'arrête jamais, regardez cette petite fille avec son papa, comme elle joue sagement ! Moi, j'ai un garçon, c'est sans doute pour ça qu'il est turbulent ». Je souris à la mère et lui affirme qu'il y a aussi des filles turbulentes. J'ajoute qu'à mon avis, plutôt que d'une simple différence naturelle liée au sexe, il s'agit parfois plus d'une différence d'éducation, pas mauvaise, mais sans doute plus dynamique pour les petits garçons. Elle réfléchit, puis ajoute : « Mais oui, c'est vrai, quand on y réfléchit, le père de Fabien joue toujours à la bagarre avec lui car il fait de la boxe, et Fabien passe son temps à imiter son père, même dans sa façon de parler, et il n'est pas toujours tendre. Moi, j'avoue, je laisse un peu trop faire Fabien, c'est mon petit gars ! ». Les propos de cette mère illustrent bien à quel point les pratiques éducatives encouragent des activités et des conduites différenciées selon le sexe de l'enfant.

Ces deux observations corroborent les études qui mettent en évidence le fait que les filles ont une éducation plus orientée vers la relation sociale alors que les garçons sont davantage stimulés et encouragés dans leurs activités physiques et motrices. J'ai pu observer ces attitudes différentes chez deux mères dans la même situation : le change du bébé. La mère d'une petite fille expliquait ce qu'elle lui faisait, tout en suscitant des sourires et des vocalises alors qu'une autre mère, en changeant son fils, lui décrivait le décor. La petite fille se trouve sollicitée pour le maternage, la communication et l'émotionnel, le petit garçon pour le spatial et le rationnel.

Des enfants très conformistes

Dans le coin « dînette et lange », Virginie et Nejma s'activent : l'une cuisine, l'autre s'occupe d'un poupon. Elle se sont données les rôles de mère et de tante. Angelo entre dans cet espace et leur demande s'il peut jouer aussi. Nejma, qui semble la plus grande, accepte et redistribue les rôles, elle sera la maman, Virginie, la grande sœur, et Angelo, le bébé. Le jeu peut commencer. Angelo ne fait rien et, lorsqu'il doit agir, ce sont les filles qui le guident et le manipulent. Ici, le petit garçon est autorisé par les filles à jouer à un jeu « féminin », mais il est passif et les filles le maternent, les rôles conventionnels sont clairement distribués.

Un jour, un petit garçon arrive avec du vernis sur les ongles. Alors qu'il joue tranquillement sur une table avec un jeu d'encastrement, les autres enfants autour de lui s'indignent de sa parure et lui rappellent qu'il n'est pas une fille. Le petit garçon ne répond pas mais semble quelque peu embarrassé.

Une autre fois, je suis la cible de remontrances de la part de jeunes enfants, alors que je viens de me faire couper les cheveux très court et que je porte des vêtements trop « masculins » à leur goût. Plusieurs enfants me signifient que je ne suis pas un garçon et certain-e-s veulent s'assurer que je n'ai pas de doute sur mon identité sexuée, en me demandant si je sais que je suis une fille !

Ces quelques exemples illustrent bien le fait que la pression sociale liée au genre est tellement forte que les jeunes enfants, en essayant de correspondre à ce que l'on attend d'elles et d'eux, s'approprient les codes sociaux de la féminité et de la masculinité et les perpétuent, voire les surjouent. Il faut aider l'enfant à faire et à penser par lui-elle-même afin qu'elle-il se construise et acquière confiance en elle-lui. Pour ce faire, l'adulte doit s'éclipser le plus possible et permettre, grâce à un espace aménagé et adapté à l'enfant, que celle/celui-ci trouve seul-e ses réponses. L'adulte se doit d'être vigilant dans ses propos et ses gestes de tous les jours car les enfants l'observent et s'approprient ses comportements.

Analyser les catalogues en classe

*par **Isabelle Cabat-Houssais**, professeure des écoles dans une classe de CM1/CM2*

Rares sont les travaux publiés sur la représentation explicite du genre chez les enfants et sur les réflexions que l'on peut mener avec elles et eux dans le cadre scolaire. Le texte suivant présente un témoignage d'une séance d'une heure trente de décryptage d'un catalogue de jouets avec une classe de vingt-six élèves âgé-e-s de 9 à 10 ans.

Ces élèves participaient à une séance sur les stéréotypes de genre pour la première fois au cours de leur scolarité. Cela explique probablement que leurs réactions tout au long de la séance aient été très spontanées. Il va de soi qu'un travail de plus longue haleine réparti sur plusieurs séances dans la même année permettrait d'aboutir à des réflexions plus élaborées sur les stéréotypes de genre.

Pour commencer la séance, nous avons distribué un catalogue de jouets du magasin La Grande Récré aux enfants. Les élèves, réparti-e-s en groupe de quatre, étaient invité-e-s à découper les images d'enfants en train de jouer pour les classer en trois catégories : filles, garçons et mixtes. Spontanément, un garçon s'est exclamé qu'il n'y avait pas de jouets mixtes. Ils-elles ont découpé les scènes et les ont classées en sous-catégories (par exemple cuisine, voitures, cabanes, etc.) avant de les coller sur les trois grands panneaux « filles », « garçons » et « mixtes ». Toute cette activité de découpage-collage-catégorisation a été prétexte à des discussions et échanges dans les groupes avec l'ensemble de la classe et l'enseignante.

Les panneaux « mixtes » étaient les moins remplis. Les élèves ont pu le vérifier en comptant le nombre d'images collées par affiche. Les garçons et les filles jouent séparément dans environ 80 % des situations. « Chacun joue de son côté », note un enfant de la classe. D'autres, comme Mario, tentent de le justifier : « Parce que les enfants préfèrent jouer seuls, ils n'ont pas les mêmes points communs », « Un garçon n'aime pas les Barbie parce que les garçons ne sont pas des filles ». Personne n'intervient pour dire que les filles n'aiment pas les voitures ou le bricolage. Il semble inconcevable à leurs yeux que les garçons jouent à des jeux dits « de fille », alors que le contraire n'est pas évoqué spontanément. Dans cette catégorie mixte, les élèves ont le plus souvent relevé des jouets sur le thème du dessin, des cabanes, des jeux sportifs et de plein air, des véhicules, mais aussi des cuisines, car, bien que situées dans les pages roses, des garçons et des filles sont parfois représenté-e-s autour des images de cuisine.

Dans la catégorie « filles », les élèves ont majoritairement retenu « poupées » (ou « maman »), « princesse » (ou « déguisement », « costumes de filles », « robes »), « musique » (ou « star », « danse ») et, de manière sporadique, dans certains groupes, « électroménager » (pour un aspirateur), « aventure » (pour le personnage de Dora et un zoo), « jeux mécaniques » (pour un aspirateur et un scooter), etc. Dans la catégorie « garçons », elles-ils ont souvent relevé « voitures », « déguisements » (ou « costumes »), « jeux vidéo », « pistolets », « bricolage ».

Il est difficile de connaître exactement les motivations des choix typologiques réalisés par les enfants. Seule une discussion approfondie avec chaque groupe aurait permis d'expliciter leur raisonnement. On peut constater qu'on retrouve le découpage habituel des catalogues. Il serait intéressant de savoir si un classement par les élèves des jouets du catalogue selon trois catégories (« filles », « garçons », « mixtes »), mais sans prise en compte du sexe de l'enfant sur la photo, aurait fait surgir un panneau mixte plus diversifié et des panneaux « garçons » et « filles » plus polarisés et davantage restreints aux jouets les plus traditionnellement genrés.

Une fois les panneaux terminés, une discussion s'est engagée sur les stéréotypes associés aux jouets. Certain-e-s élèves ont dès le départ exprimé des critiques sur les goûts supposés des enfants en invoquant de manière générale la diversité des enfants quel que soit leur sexe ou le jouet en question : « Y'a des filles qui n'aiment pas les Barbie », « Il y a des filles qui aiment se déguiser en Spiderman », « Y'a des garçons qui n'aiment pas le foot », « Mais y'a des filles qui aiment le foot », « Les filles aiment bien les têtes à coiffer. Certains garçons aussi quand ils veulent être coiffeurs ». D'autres élèves sont plus sceptiques et prétendent que les filles n'aiment pas le bricolage. Un garçon, Alex, renchérit : « Je n'ai jamais vu de garçon jouer à la poupée », mais un autre rétorque « Y'a des poupées Action Man », tout en distinguant, nous le supposons, deux sortes de poupées (celles pour les filles et celles pour les garçons). Sonia complète : « Des fois, des garçons jouent aux poupées car il y a des poupées en garçon mais c'est rare que les garçons aiment ça, c'est plutôt pour les filles ». Le débat s'engage entre les élèves... On notera l'absence d'implication de soi dans les choix transgressifs tout au long de la séance. Aucun-e enfant n'emploiera « moi, je... » mais plutôt « y'a des filles/garçons qui... ». Même si certain-e-s enfants, et notamment des filles, s'insurgent contre les stéréotypes sexistes, aucun-e enfant ne revendique des choix personnels transgressifs et ne s'expose au regard de ses camarades. Léa joue au foot, toutes-tous ses camarades le savent, mais elle préférera quand même dire : « Y'a des filles qui aiment le foot ».

Je les incite alors à expliquer l'absence de garçons représentés au milieu des poussettes et des poupées dans le catalogue. Des hypothèses sont émises : « Parce que les garçons n'aiment pas ça, peut-être », dit un garçon. Sonia nuance : « Le marchand de jouets s'est dit que y'a pas beaucoup de garçons qui aimeraient jouer aux poupées donc ce ne serait pas nécessaire d'en mettre ». Cette idée de « *rareté* » arrive à les rassembler et justifie à leurs yeux que « le marchand de jouets » ait occulté ces cas de figure marginaux. Farid résume : « Le catalogue, c'est pour la majorité ». Ils-elles semblent avoir intégré le poids de la norme et l'invisibilité des minorités. Leur naïveté conduit même certain-e-s à suggérer que « peut-être le fabricant n'y a pas pensé ». D'autres, au contraire, pensent que le fabricant a sciemment voulu établir une différence visible entre les filles et les garçons : « En fait, il faut que les gens remarquent ce que font les garçons et ce que font les filles ».

De manière analogue, l'enseignante les incite à justifier l'absence de filles autour d'un établi de bricolage. Mario suppose que les filles n'aiment pas le bricolage. Des filles s'insurgent « Mais si ! ». Mario, étonné, insiste auprès de sa voisine, « T'aimes bien bricoler ? », « Bah, oui ! », lui répond-elle. On décide alors de faire un sondage dans la classe en demandant aux filles qui aiment bricoler de lever la main. Résultat du vote : une majorité de filles aiment le bricolage. Maryame en conclut qu'il y a donc deux sortes de filles et de garçons, et développe tout un argumentaire, « il y a des filles qui sont plus garçons manqués et d'autres plus côté filles. Il y a des filles qui veulent devenir des garçons ». Léa bondit à l'expression « garçon manqué » et exprime très fermement son désaccord : « Elle n'aime pas les poupées, elle préfère le bricolage, les voitures, elle veut pas obligatoirement devenir un garçon, elle aime les jeux de garçon, c'est tout ! ».

Le débat revient peu de temps après lorsqu'il est question de la réaction des parents si leur garçon aimait jouer à la poupée avec une poussette. Alex craint la réaction négative des parents : « Ils ne vont peut-être pas accepter parce qu'ils ont peur qu'il va devenir une fille ». Devant les rires de ses camarades, il précise : « Pas physiquement, mais psychologiquement, dans sa tête ». Léa s'agace et explique qu'il s'agit seulement de « jouer au papa » et que « c'est son droit de jouer à la poupée ». Une autre abonde dans son sens : « C'est pas parce qu'il n'aime pas jouer aux trucs de garçons qu'il se transforme en fille ! ». Il semblerait que les enfants aient intégré les peurs de l'homosexualité que les adultes expriment explicitement, puisque tout le monde s'accorde pour anticiper les moqueries des copains du petit garçon qui promènerait sa poupée dans le parc.

Interrogé-e-s sur les ressemblances entre le monde des adultes et celui des catalogues de jouets, il apparaît que les enfants voient facilement les ressemblances : « Les filles aiment les poupées bébés », selon Mario. « Elles veulent jouer à la maman, comme cela elles ont un bébé à nourrir », explique Maryame. En revanche, personne n'est choqué par les différences imposées par le catalogue. Les bébés et les poussettes figurent dans le catalogue uniquement du côté des filles, et les élèves reconnaissent que, dans la réalité, les papas aussi poussent les poussettes ou tiennent les bébés par la main, mais elles-ils ne voient pas pourquoi les petits garçons devraient imiter cette activité – contrairement aux petites filles. Acculé par l'enseignante devant cette contradiction, un garçon avance l'hypothèse que, lorsqu'il s'agit de s'occuper de son enfant, le père le fait à la demande de sa femme.

L'enseignante demande aux élèves : « Quelle serait la forme d'un catalogue mixte et plus égalitaire ? ». Si Maryame imagine très facilement un catalogue où filles et garçons joueraient ensemble avec tous les jouets (« Y'a une fille et un garçon qui bricolent», «Une fille et un garçon qui jouent à papa-maman», etc.), il n'en reste pas moins que beaucoup d'autres élèves s'accommodent des catalogues existants avec une certaine fatalité puisque, «de toute façon c'est pas grave, on peut toujours choisir dans l'autre catégorie, quand on est un garçon chercher des jouets dans les pages des filles»...

Les élèves ont été très enthousiastes pendant cette séance, mais aussi à l'idée de poursuivre cette réflexion. Il a suffit d'une activité d'une heure trente pour questionner les stéréotypes de sexe et ainsi commencer à ouvrir un nouveau monde de possibles pour les filles et les garçons.

Faire évoluer les représentations stéréotypées des élèves : c'est possible !

Par ***Virginie Vignoles****, professeure des écoles*

En tant que professeure des écoles, j'ai travaillé dans deux classes de CM1 (enfants de 9 à 10 ans) sur les représentations des enfants quant à la place des femmes et des hommes dans la société. Le travail a duré à chaque fois environ trois semaines. L'objectif était d'amener les enfants à se poser des questions sur leurs représentations initiales. Des représentations plutôt sexistes, comme j'ai pu m'en rendre compte lorsque j'ai analysé la série de questionnaires individuels que je leur avais proposée et dont je vais rendre compte ci-dessous. Les questionnaires ont été un point de départ pour mettre en place un travail de réflexion avec, comme support, des albums et des extraits de romans de littérature jeunesse. J'ai travaillé sur *Arthur et Clémentine*, d'Adela Turin, *Rose bonbon*, de la même auteure, *La Fée sorcière*, de Brigitte Minne et Carll Cneut, *La Nouvelle Robe de Bill*, d'Anne Fine et

Histoire de Julie qui avait une ombre de garçon, de Christian Bruel et Anne Bozellec. Le but était d'amener les enfants à donner une interprétation de ces textes de littérature jeunesse et, partant, de les amener à modifier leurs points de vue stéréotypés initiaux. Cela s'est traduit par des remarques qui se sont parfois transformées en débats. En tous cas, à chaque fois, les enfants ont réagi par rapport à eux ou à ce qui les entourait avec un regard enrichi des expériences qu'ils avaient pu vivre à travers les personnages de papier… Autrement dit, les enfants se sont exprimés davantage par rapport à leur ressenti que par rapport à des schémas inculqués, ce qui était précisément l'objectif visé.

J'ai soumis aux enfants de la première classe un questionnaire sur les professions. La consigne était la suivante : « Imagines-tu davantage une femme, un homme ou les deux dans les professions suivantes ? Entoure ta réponse et écris pourquoi tu as fait ce choix ». J'ai longuement étudié la liste de professions que je leur ai soumise car je cherchais à éviter que les enfants répondent en fonction du genre associé à la profession. J'ai donc essayé de proposer des professions au genre « neutre ». Par exemple, j'ai évité de mettre « couturier », car les enfants auraient pu le ranger spontanément dans la classification homme étant donné que, pour les femmes, on emploie le terme « couturière ». J'ai, en revanche, proposé « ministre », car le mot est invariable : on dit un ou une ministre. Autres professions présentées aux enfants : professeur, journaliste, pompier, ingénieur, photographe, pilote d'avion, secrétaire. J'ai toutefois conscience que l'évolution de la langue française, conformément aux recommandations ministérielles, amène de plus en plus de personnes à employer le terme de « professeure » pour désigner une femme qui enseigne. Je souhaitais une justification des enfants pour qu'ils donnent du sens à leur réponse (pour éviter les réponses données au hasard) et aussi pour me faire une idée plus précise de leurs représentations.

Bilan : le métier de ministre se révèle être, côté garçons, un métier plutôt d'homme (7 garçons sur 10). Côté filles, c'est plus mitigé ; 6 filles sur 13 déclarent que c'est un métier d'homme et plusieurs d'entre elles affirment « n'avoir jamais vu de femme ministre » : pour elles, « c'est un métier pour les hommes ». La très grande majorité des garçons de la classe estiment que « c'est pour les hommes » car « ils sont plus forts » ou « plus intelligents », ou encore, variation sur le même thème : « Il n'y a que l'homme qui peut le faire ».

Quid du « professeur » ? Une fille l'a rangé dans la rubrique homme avec la justification suivante : « Parce que c'est un professeur, ce n'est pas une professeure ». Un garçon l'a rangé dans la colonne « femme » car « elles sont plus intelligentes ».

La profession de « journaliste » est apparue ambivalente. Certaines filles l'associent aux femmes, « car à la télé, je vois toujours des femmes journalistes » ; d'autres considèrent au contraire qu'il n'y a que les hommes qui peuvent faire ce métier parce que « les hommes demandent plus de questions quand je regarde la télé ». Certains garçons estiment qu'il s'agit d'un métier masculin, car « les hommes sont plus dans l'action », ou « parce que les hommes savent lire ». J'ai été surprise de voir qu'un enfant rangeait la profession « journaliste » dans la catégorie « homme » car, pour lui, il apparaissait évident qu'un journaliste était une personne qui écrivait. Or, comme on dit un écrivain et non une « écrivine » (sic !), le journaliste était, dans la représentation que s'en faisait l'enfant, forcément un « homme ». On le voit, les enfants ont tendance à ranger une profession en fonction de son genre grammatical, soit féminin, soit masculin. Comme quoi, la désignation du métier revêt une importance de taille !

Pour le métier de photographe, les filles estiment, en majorité, que c'est un homme car, « à chaque photo de classe, c'est un homme qui prend la photo », ou encore, « parce que c'est les filles qui se font photographier » ! Un garçon écrit : « Les filles n'aiment pas ce métier ».

Qu'en est-il de « l'ingénieur » ? Pas de doute, de nombreuses filles considèrent que c'est pour les hommes car « je n'ai jamais vu de fille ingénieuse », ou encore, « c'est un homme qui conçoit les choses ». Un garçon écrit : « Je n'ai jamais vu un ingénieur, mais je suis sûr que c'est un garçon ».

Quant au « pompier », il incarne, auprès des filles, la figure masculine parce que « c'est tout le temps les hommes qui sauvent une maison qui brûle » ou parce que « les hommes préfèrent le feu », ou encore, « les femmes ne peuvent pas éteindre le feu ». Certains garçons justifient l'homme-pompier par « les femmes ont peur du feu » ou « les hommes sont plus courageux », « parce que les femmes vont faire mission échec ». Idem pour « le pilote d'avion » : « Je n'ai jamais vu de filles pilotes d'avion », note une fillette. Une autre affirme : « Ils ont plus de force dans les jambes et ils peuvent plus pousser la pédale ». On peut lire aussi comme réponse : « Conduire un avion, les femmes !!! Non mais c'est pas possible », ou encore « quand je regarde la télé ou que je monte dans un avion, c'est tout le temps un homme ». Certains garçons n'hésitent pas à écrire : « Parce qu'ils savent se bagarrer » ou « les femmes ont le vertige ».

En revanche, on s'en doutait, « secrétaire » est considéré comme un métier pour les filles parce que « je connais des femmes qui travaillent là-bas », ou encore, « c'est une femme qui écrit, amène le café et fait le service ».

Dans la deuxième classe, j'ai mis en place plusieurs petits questionnaires. J'ai tout d'abord présenté aux enfants de la classe une photo représentant le portrait peint d'un enfant très jeune. Il était difficile de savoir si c'était un garçon ou une fille (de fait, c'était une fille !). J'ai demandé aux enfants de la classe d'écrire individuellement si, d'après eux, c'était un garçon ou une fille, et de justifier leur réponse.

Bilan : tous les enfants, à l'exception d'une fille, ont écrit qu'il s'agissait d'un garçon. Les justifications étaient majoritairement les suivantes : « Il est habillé en garçon », « Il a un pantin, un soldat de plomb », « Il a les cheveux courts », « Il n'a pas les mêmes yeux que les filles ».

J'ai ensuite demandé aux garçons d'écrire ce qu'ils ressentiraient s'ils étaient une fille, et inversement. Voici les réponses des filles de la classe : « Je ne jouerais pas à la Barbie », « Je ferais du VTT, du foot et de la guitare », « J'aurais les cheveux courts ». Et celles des garçons : « J'aurais des Diddl[115] et des Barbie », « Je devrais jouer à la corde à sauter, me maquiller, porter des jupes, des chaussures à talons, avoir des cheveux longs », « Je serais danseuse », « J'aimerais le rose », « J'aurais honte », « J'ai horreur du sexe féminin, alors je serais un garçon manqué ».

On le voit, les stéréotypes de genre sont très marqués et déjà bien hiérarchisés. L'adhésion à des conventions (les filles jouent à la poupée, pas les garçons, par exemple), à des croyances (les filles sont moins fortes que les garçons) ou à des valeurs (la violence pour les métiers pensés comme masculins) est très prégnante. Pour répondre à ces questions, les enfants s'appuient sur ce qu'ils voient dans leur entourage proche, dans les médias, mais aussi dans des ouvrages de littérature… qui sont majoritairement sexués !

Enfin, le dernier volet du questionnaire portait sur les personnages de fiction, et plus précisément sur ceux de la littérature de jeunesse. La consigne était la suivante: «Comment s'appelle ton héros ou ton héroïne de livre préféré (roman, conte, BD, nouvelle...)?» Autre question: «Est-ce une fille ou un garçon?». J'ai souhaité faire figurer cette question pour affiner la réponse précédente et aussi parce que je ne connaissais pas toujours ces personnages de la littérature jeunesse. Enfin, dernière question, «Quels adjectifs le ou la caractérisent le plus?».

J'ai demandé aux enfants d'entourer quelques adjectifs qualificatifs (beau-belle, intelligent-e, sportif-ve, etc.). Les réponses des filles de la classe ont été les suivantes: «Franklin, Max et Lili, Totaly Spies, Diddl, Le Petit Chaperon Rouge, Astérix». Quant aux garçons, ils ont essentiellement cité: «Titeuf, Détective Conan, Batman, Kid Paddle». Autrement dit, sept filles de la classe se projettent dans un personnage masculin (et six dans un personnage féminin), alors qu'aucun garçon de la classe ne se projette dans un personnage féminin! Quant aux qualités principales de ce personnage (héros ou héroïne), pour les filles, il incarne avant tout la gentillesse et le fait d'être amoureux-se alors que, pour les garçons, il est fort, beau et riche.

On le voit très clairement, les identifications des enfants à des personnages de papier sont à l'unanimité «masculins» pour les garçons et plutôt à dominante masculine pour les filles, conformément aux résultats des études sociologiques menées sur le sujet[116].

Après avoir mis en place, sur plusieurs semaines, un travail de compréhension et d'interprétation de textes piochés dans la littérature jeunesse non sexiste et antisexiste dont j'ai cité les noms en introduction, j'ai demandé aux élèves de revenir sur leurs premières représentations (que j'avais notées sur une affiche).

Je vous livre en vrac les réactions orales spontanées des enfants : « Je ne suis pas d'accord [avec ce qui était écrit concernant "si j'étais un garçon"], car je suis une fille et je n'aime pas le rose. Je n'aime pas les Barbie et je joue aux "jeux de garçons"... », « Je ne porte pas de chaussures à talons, je n'aime pas le rose et je ne joue pas à la poupée », renchérit une fille ; « Ce n'est pas vrai que les garçons font du VTT et pas les filles. Moi, j'en fais. En plus, il y a des garçons avec des cheveux longs », ajoute une autre ; « Je joue tous les mercredis au foot. Ce n'est pas parce qu'on est une fille que l'on ne doit pas jouer au foot ou au basket », relève une fille. « Il y a des filles qui font de la batterie et de la guitare », souligne une autre. « J'ai évolué... avant, je ne disais pas que je jouais aux "Action Man", j'avais honte », rapporte une fille.

Il en va de même des réactions par rapport aux réponses individuelles données précédemment par les garçons : « Si j'étais une fille... ». La parole devient libre. « Ma sœur préfère s'habiller "en garçon" et jouer à des "jeux de garçons" », estime un garçon. « Si je vois un vélo "pour fille" qui me plaît, je le prends », dit un garçon. « J'ai évolué, avant, j'avais peur de dire que je jouais à la poupée. Je ne pense plus qu'une fille doit se maquiller et porter des talons », réalise un garçon. « Je croyais que les feuilles Diddl[117], c'était pour les filles. Quand j'ai vu qu'il y en avait [des garçons] dans la classe qui en avait, j'ai changé d'avis », ajoute un garçon. « Un jour, ma mère a lavé le pyjama de mon frère. Il a délavé et est devenu rose. J'ai rigolé. Aujourd'hui, je réalise que je n'aurais pas dû », regrette un garçon. « J'avais une Barbie avant », ose dire un garçon. « J'ai évolué depuis ces affiches. Maintenant, je regarde les dessins animés pour filles », avoue un garçon.

On le voit, le travail de déconstruction des représentations à l'aide d'œuvres littéraires non sexistes et antisexistes comme médiation a permis aux enfants de s'affranchir de quelques stéréotypes. Un temps, dans la classe, une pensée et une parole plus libres ont émergé. Et j'ose espérer qu'elles se poursuivront plus tard et en d'autres lieux.

LA CAMPAGNE CONTRE LES JOUETS SEXISTES

Dans l'histoire humaine, la fin d'une domination n'est jamais advenue par hasard, ni n'a jamais été donnée en cadeau par les dominants : elle a toujours été rendue possible grâce à des combats, grâce au fait que les opprimé-e-s ont su faire entendre leur voix. Les changements sociaux semblent toujours irréalistes avant d'être concrétisés, mais ils apparaissent bien souvent évidents, légitimes et « naturels » une fois opérés – les congés payés ou l'avortement en sont un bon exemple. Certains groupes féministes, partant du principe que « le privé est politique », se sont rassemblés dès le début des années 2000 à travers des actions diverses, pour tenter de faire prendre conscience du sexisme véhiculé par les jouets.

Historique de la campagne

Une campagne d'actions, avec débats et interpellations diverses du public et de la presse, a commencé en 2001, lorsque l'association Mix-cité[118] s'est posée la question du sexisme dans les jouets et de l'injonction faite aux enfants de se conformer aux modèles de genre à travers les catalogues de jouets. Le sujet semblait symbolique – réfléchir à ce que l'on donne aux enfants, c'est réfléchir à l'avenir que l'on construit. Il avait également l'avantage de toucher tout le monde (qui n'a pas offert de jouets à Noël ?) et était propice à des « happenings » ludiques et visuels.

Des actions ont été mises en place à Paris, Toulouse et Orléans en décembre 2001 autour d'un « contre-catalogue », par opposition aux catalogues de jouets de la grande distribution. Celui-ci a été distribué aux passant-e-s par une joyeuse chorale qui entonnait des chansons aux paroles « détournées », ou par des militant-e-s qui animaient un spectacle de marionnettes contant les aventures de la Fée Ministe (à Paris) ou une petite pièce de théâtre sur le père et la mère Noël (à Toulouse).

Après le succès de la première « action Jouets », l'expérience a été renouvelée et amplifiée l'année suivante en compagnie, à Paris, du Collectif contre le publisexisme[119] (CCP), groupe axé sur la lutte contre le sexisme dans la publicité, et d'une association étudiante baptisée Les sciences potiches se rebellent. En 2003, le collectif organisateur de la campagne a été rejoint par Les panthères roses, groupe d'activistes gouines, trans et pédés, féministe et progressiste[120], qui a permis d'élargir le questionnement, en interrogeant l'importance du modèle de couple exclusivement hétérosexuel donné aux enfants par l'intermédiaire des jouets. Pendant ce temps, des journées d'actions contre les jouets sexistes étaient également organisées par les associations Mix-cité de Toulouse, Orléans et, un an plus tard, les groupes Mix-cité de Rennes et Nantes. Toutes ces associations, accompagnées parfois d'autres, collaborent chaque année pour renouveler leur message à l'approche de Noël.

Les analyses, critiques et propositions alternatives se sont constamment nourries de cet échange entre groupes militants, et c'est ce qui a permis par exemple d'étendre la réflexion au champ du consumérisme et du poids de la publicité sur le choix des jouets achetés et sur leur nombre.

Le but de ces actions est de faire en sorte que les stéréotypes sexistes et hétérosexuels disparaissent des catalogues et des rayons, afin de permettre à chaque enfant d'avoir un choix de jouets et de modèles plus divers, et à chaque parent de ne pas calquer l'éducation qu'il donne sur des modèles normatifs figés et discriminatoires.

Les « contre-catalogues » de jouets

Au cours des campagnes successives, le matériel produit et les actions réalisées ont varié. Cependant, chaque année, les militant-e-s ont distribué un « contre-catalogue » dans les débats et dans la rue. Il ne s'agissait pas de proposer un véritable catalogue alternatif qui inciterait les gens à acheter tel ou tel jouet. Ce document illustré (et donné gratuitement) a pour vocation d'expliciter le mécanisme de l'éducation sexiste par les jouets. Il met en évidence les jouets « fléchés » filles ou garçons par les catalogues commerciaux et, en quelques phrases, souligne leur portée et les stéréotypes de genre qu'ils véhiculent. Ainsi, le « contre-catalogue » intitulé *Pas de cadeaux pour le sexisme*, élaboré en 2003 à Paris[121], proposait une analyse des jouets stéréotypés à travers les thématiques de la violence, du bricolage et du savoir pour les garçons, présentées face à face avec les thèmes de la beauté, de la maternité et du ménage pour les filles. Sont ainsi décodées et regroupées les injonctions transmises par les jouets ainsi que leurs correspondants dans le monde des adultes (on voit un adulte dans une activité genrée à côté du jouet qui amène « naturellement » à ce comportement). La page intitulée « Tu bricoleras, mon fils » montre ainsi un jeune garçon près d'un établi de bricolage ainsi qu'un homme adulte équipé d'une perceuse, alors que « Sois belle et tais-toi » représente une petite fille avec une table à maquiller miniature près d'une Miss France proche de la trentaine. Chacune de ces pages est également accompagnée d'un bref texte de commentaires. Près du titre « Apprends à récurer ma fille », on rappelle que deux tiers des tâches ménagères sont encore effectuées par les femmes. La photo de la petite fille jouant avec un aspirateur miniature « dès 3 ans » (selon l'incitation du fabricant) prend alors tout son sens !

Le contre-catalogue dénonce également le stéréotype du couple hétérosexuel, seul modèle familial représenté dans les jouets. Les dernières pages en appellent à la vigilance face au sexisme et à l'homophobie enseignés aux enfants, et suggère quelques alternatives comme des livres ou des jeux non sexistes. Le catalogue élaboré en 2006 par Mix-cité et le Centre gay, lesbien, bi et trans de Rennes[122] évoque l'univers stéréotypé des jouets de garçons dans une double page aux tons bleus intitulée « Le monde m'appartient », alors que l'univers des filles s'intitule « Un jour mon prince viendra ». Plusieurs pages sont consacrées aux alternatives non sexistes en matière de jeux, jouets et livres.

En distribuant largement ces contre-catalogues, les associations veulent faire prendre conscience du conditionnement auquel les enfants sont soumis très tôt à travers les jouets, et ce, de manière inconsciente. Les gens qui les découvrent sont incités à réfléchir au caractère non-naturel, contraignant et discriminant du partage des rôles et des tâches entre les filles et les garçons.

Action joyeuse pour question sérieuse

Depuis 2001, la distribution de ces contre-catalogues ainsi que de tracts, ou autocollants (proclamant notamment « Princesse un jour, boniche toujours ») s'est faite surtout près de magasins de jouets ou de grandes surfaces. Pour interpeller les passant-e-s et consommateurs-trices, pour susciter des échanges libres et des débats, les militant-e-s ont également conçu et présenté des spectacles de marionnettes, des saynètes, des jeux de l'oie géants avec des questions aux enfants sur le thème du sexisme, des chorales constituées de chanteurs-ses costumé-e-s de bleu ou de rose entonnant des airs connus à la façon antisexiste[123]. Une exposition en deux parties (adultes/enfants) a été montée sur ce thème à Rennes. Ces dispositifs font souvent sourire les passant-e-s au premier coup d'œil et attirent l'attention des enfants. Ils réussissent généralement à susciter l'intérêt et les discussions au hasard des rencontres.

D'autres actions ont été organisées au sein même de grands magasins : occupation festive par les militant-e-s, échange de jouets entre les rayons roses et bleus sous l'œil perplexe des client-e-s et des vigiles, pose d'étiquettes « pour les garçons aussi » et « pour les filles aussi », remplissage d'un chariot entouré de rubans rouge et blanc avec des « jouets toxiques », c'est-à-dire liés à la violence (armes, missiles, pistolets automatiques, etc.). Des scènes préparées de « théâtre invisible », sortes de « caméras cachées sans caméra » ont également été jouées dans des magasins. Par exemple, un militant et une militante jouent un couple en train de se disputer au sujet de leur fils qui veut recevoir une poupée à Noël. Puis, ils-elles prennent à parti les client-e-s présent-e-s, dans le but de susciter commentaires et discussions. Il s'agit toujours d'actions collectives concrètes qui visent le public le plus large, les organisateurs-trices ayant toujours souhaité aborder le discours sous-jacent de construction du genre sans académisme.

Des débats ouverts à toutes et tous ont également été organisés, comme à Paris en 2002, avec Serge Chaumier sur les catalogues de jouets, en 2003, avec Adela Turin, de l'association Du côté des filles, sur la littérature enfantine sexiste, ou en 2006 à Rennes, avec Gaïd Le Manner-Idrissi, chercheure en psychologie.

Cette campagne s'inscrit désormais dans la pérennité puisque, depuis six ans, chaque mois de décembre est désormais le lieu d'un événement incontournable pour les associations organisatrices.

Un accueil globalement positif

Ces actions donnent lieu à un accueil globalement positif de la part des client-e-s des magasins ou des passant-e-s. Les réactions diffèrent : certain-e-s montrent de l'indifférence, mais beaucoup trouvent le questionnement intéressant ; certain-e-s avouent ne s'être jamais posé la question de savoir pourquoi les figurines fabriquées pour les filles sourient tout le temps alors que celles fabriquées pour les garçons grimacent et menacent, pourquoi les hommes puériculteurs sont rares, pourquoi les garçons ne reçoivent ni poupées ni mini-aspirateurs ou dînettes, etc. ; d'autres sont depuis longtemps sensibilisé-e-s à ces questions et sont content-e-s d'arborer le mini-garage acheté pour leur fille et de discuter avec des militant-e-s. Le sujet a souvent occasionné des débats en pleine rue !

S'il n'est pas rare d'entendre des encouragements à continuer cette lutte de la part des vendeurs et vendeuses, ce sont généralement les responsables des magasins qui se montrent le plus souvent agressifs et aigris, enjoignant systématiquement les militant-e-s à quitter les lieux et à s'adresser par courrier recommandé à la direction générale en dehors des fêtes. Ces réactions mesquines ne tarissent pas les envies de réitérer les occupations festives de magasins de jouets, mais les associations ont néanmoins tenté – sans doute par excès de bonne volonté – d'envoyer plusieurs lettres aux directions générales pour demander des rendez-vous en dehors des périodes de fêtes. Aucune lettre n'a reçu de réponse au cours de ces années.

Couverture médiatique

Chaque campagne a donné lieu à l'envoi de communiqués de presse plus ou moins bien relayés par les médias. Ainsi, la presse écrite a souvent relayé les différentes campagnes[124], certaines radios[125] ont signalé les actions et parfois accordé de brèves interviews ou programmé un sujet plus général sur les jouets. D'autres radios[126] ont offert un temps de débat important sur leur antenne, allant parfois jusqu'à suivre micro à la main les militant-e-s lors des actions. Quelques chaînes de télévision ont sollicité épisodiquement les associations qui ont parfois accepté de participer à des émissions[127].

Le public sensible à ce questionnement et à cet argumentaire semble se diversifier et s'accroître – si l'on en juge par les demandes de contre-catalogues reçues chaque année et les multiples brèves et liens Internet qui se développent autour de la campagne, dont la portée, on l'espère, continuera d'augmenter.

CONCLUSION
POUR UNE SOCIÉTÉ NON SEXISTE

Les jouets ne sont pas des objets anodins : ils transmettent un certain rapport au monde et à soi. Dans la société sexiste qui est la nôtre, ils jouent un rôle majeur dans la construction de l'identité de genre et constituent la pierre angulaire de l'apprentissage des rapports sociaux de sexe, c'est ce que nous avons voulu montrer au cours de cet ouvrage. Offrir une boîte de maquillage à une petite fille ou une arme factice à un petit garçon n'est donc pas un geste dépourvu de signification. Cet acte banal, qui s'inscrit dans une tradition (offrir des cadeaux sexués aux enfants) et qui relève de l'habitude (consommer les jouets existants sur le marché), influence les enfants qui reçoivent les présents. À travers ces objets, on offre (consciemment ou non) une représentation des rôles sociaux féminins et masculins aux plus jeunes : ces derniers-ères doivent se conformer au genre dicté par la société. Même si les enfants peuvent détourner et pervertir les objets mis entre leurs mains, leur « libre choix » reste dépendant des adultes qui fabriquent, commercialisent et achètent ces jouets. À travers une trousse à maquillage, la petite fille comprend qu'il est important pour elle d'apprendre à séduire. À travers un jeu militaire, le petit garçon perçoit qu'on l'encourage à exacerber son agressivité.

Notre critique des jouets se situe dans une perspective politique, elle ne relève pas d'une morale qui consisterait à culpabiliser les adultes et à déterminer une ligne de conduite unique et incontournable. Elle s'appuie sur la conviction que la réalité sociale est construite par ceux-celles qui composent la société. En ce sens, la manière dont les adultes éduquent les enfants participe de la reproduction (ou non) des normes. En analysant les mécanismes à l'œuvre dans le quotidien, chacun-e peut prendre conscience de la responsabilité qui lui incombe. Comment ne pas voir qu'il existe une contradiction dans le fait de déplorer le comportement machiste de certains hommes et de continuer à offrir armes et bolides à des petits garçons ? Ou dans le fait de regretter la quasi-absence de femmes ingénieures en électronique tout en offrant à des petites filles des panoplies de « ravissantes » mères au foyer ?

Quelle société voulons-nous construire ici et maintenant ? Une société où l'on apprend aux hommes dès leur plus jeune âge qu'ils doivent exercer une violence sur autrui pour s'affirmer, qu'ils ne peuvent exister qu'à travers la compétition et la performance au mépris des relations égalitaires ? Une société où l'on apprend aux femmes dès leur plus jeune âge à plaire et à servir, à exister à travers le regard des hommes, à être dévouée aux autres, et finalement à s'interdire toute réelle autonomie ? Une société où le modèle de vie que l'on impose est celui de l'amour hétérosexuel, du couple, de la parentalité traditionnelle – un modèle perçu comme le seul « normal », qui méprise les multiples autres choix de vie ? Nous pensons que l'on peut construire une société qui tend vers plus de liberté individuelle, pour chacun et chacune, quelle que soit la forme de ses organes génitaux, son apparence physique (couleur de peau, handicap visibles, etc.), mais aussi son origine sociale ou culturelle. Pour cela, il est nécessaire de combattre la domination que les hommes exercent sur les femmes au jour le jour, mais aussi d'agir à la racine de cette domination, c'est-à-dire sur le processus qui permet d'intégrer cette domination dès l'enfance, comme une fatalité « naturelle ». Non, les petites filles ne sont pas obligées de s'identifier aux rôles de mère et de femme désirable. Non, les garçons ne sont pas obligés de considérer la planète comme leur terrain de jeu et leurs semblables comme des objets ou des rivaux. Oui, les filles et les garçons doivent bénéficier d'une éducation égalitaire, qui les considère d'abord comme des êtres humains, plutôt que comme des femmes et hommes potentiels. Chaque individu est unique et devrait avoir l'opportunité d'affirmer cette singularité librement, sans se heurter à des normes étroites et aliénantes.

Les témoignages présentés dans cet ouvrage le prouvent, éduquer contre le sexisme est à la portée de chacun-e, pour peu qu'il-elle veuille remettre les stéréotypes en cause. Cela implique de fournir aux enfants des outils pour comprendre les injustices et les affronter, d'identifier les normes pour y résister. À travers des mots simples, on peut remettre en cause les évidences, pointer ce qui n'est pas biologique mais culturel, affirmer l'égalité de valeur des filles et des garçons, refuser les comportements « obligatoires », permettre aux enfants de se construire en puisant autant dans ce qui est étiqueté « féminin » que « masculin »... Le jeu peut d'ailleurs devenir un vecteur pour subvertir les normes en aidant à prendre une distance avec les rôles sociaux et à créer d'autres identités. Aux enfants et aux jeunes, d'inventer peut-être de nouveaux modèles de vie et de nouvelles identités...

Pour faire avancer l'égalité, il est aussi indispensable de prendre des initiatives dans le champ social et le champ politique, de créer des groupes de parents, d'éducateurs-trices, d'enseignant-e-s, d'animateurs-trices, d'enfants, des groupes féministes mixtes, des groupes d'hommes, des groupes de femmes, etc., pour lutter contre les inégalités et déconstruire le genre. L'histoire du mouvement féministe nous enseigne que, si les individu-e-s s'unissent, ils-elles peuvent transformer la société : c'est à la suite de longues luttes que les femmes ont obtenu la possibilité de voter, d'étudier, d'avoir un meilleur salaire, d'avorter, etc.

Imaginer une société sans genre peut paraître impossible. En finir avec l'oppression masculine implique pourtant de combattre les stéréotypes, définis comme des « images mentales standardisées » par l'historien Georges L. Mosse[128], qu'ils soient féminins ou masculins. La fin de l'homme viril, condamné à être dominant, et de la femme féminine, condamnée à être dominée, semble donc une étape nécessaire. D'autant que les valeurs viriles, qui restent un pilier de la société patriarcale, constituent visiblement une impasse : elles mènent à la domination de l'autre, à la violence gratuite et, finalement, à la guerre. Certaines personnes sont convaincues que, pour en finir avec le sexisme, il est nécessaire de déconstruire l'existence de deux sexes, homme et femme, pour qu'une société d'humains voit le jour, où la forme des organes génitaux ne déterminerait pas la valeur ni l'identité de chaque personne.

GLOSSAIRE

Androgyne Terme dérivé des mots grecs signifiant homme et femme. Désigne un être humain ou une représentation humaine (poupée, dessin, personnage de bande dessinée, etc.) qui présente des caractères à la fois considérés comme féminins et masculins. On peut dire d'un homme qu'il a une apparence androgyne lorsqu'il a, par exemple, des cheveux longs, des vêtements unisexes et qu'il est imberbe. On peut dire d'une poupée qu'elle est androgyne lorsqu'on ne sait pas exactement si elle représente un garçon ou une fille.
Ne pas confondre avec hermaphrodite, qui est le fait de posséder en même temps les deux sexes biologiques (comme chez les escargots, par exemple).

Assistant-e maternel-le « Nourrice agréée » On devient assistante maternelle suite à une demande d'agrément et moyennant soixante heures de formation. Le rôle de l'assistante maternelle se limite généralement à la garde des enfants. Cela concerne quasi exclusivement les femmes.

Auxiliaire de puériculture On devient auxiliaire de puériculture après une formation d'un an dans une école de la DDASS qui recrute par concours. Pour postuler, il faut avoir au minimum 17 ans et être titulaire du brevet des collèges. La profession est presque exclusivement féminine.

Éducateur-trice de jeunes enfants On devient éducateur-trice de jeunes enfants avec un diplôme d'État obligatoire préparé en vingt-septmois après le baccalauréat ou si l'on est mère de trois enfants. Les écoles qui assurent cette formation recrutent sur concours. La profession est féminisée à 97 %, mais les garçons qui souhaitent obtenir ce diplôme rencontrent bien moins d'obstacles que ceux qui essaieraient de devenir assistant maternel ou auxiliaire de puériculture.

Féminisme « Je n'ai jamais réussi à définir le féminisme. Tout ce que je sais, c'est qu'on me traite de féministe chaque fois que mon comportement ne permet pas de me confondre avec un paillasson », Rebecca West, 1913.

Genre Selon le *Dictionnaire critique du féminisme*, « on oppose généralement le sexe comme ce qui relève du biologique et le genre comme ce qui relève du social ». Le genre est une construction culturelle de la différence et de la hiérarchie des sexes, tout comme la race a élaboré la catégorisation et la hiérarchisation des êtres humains en fonction de leurs caractères physiques. Le genre « féminin » est culturellement imposé aux individu-e-s que l'on range dans la catégorie « femmes » tandis que le genre « masculin » est imposé aux individus assignés à la catégorie « hommes ». La différenciation des vêtements, des jouets, des activités sportives, des orientations professionnelles, des métiers… est déterminée par le genre, et non par des attributs biologiques.

Genré Respectant un clivage strict entre le pôle culturel défini comme masculin et le pôle culturel défini comme féminin (*comportement genré, jeux genrés*) ; s'oppose à « non-genré », qui désigne des comportements, des attitudes ou des activités neutres du point de vue du partage par genre. Un grand nombre d'activités parascolaires sont genrées (la danse serait féminine, la boxe serait masculine, etc.), et d'autres semblent non genrées (la natation, par exemple).

Homophobie Ensemble d'attitudes, de croyances et de comportements fondés sur la haine de l'homosexualité et des personnes homosexuelles. Le mot a été formé sur les racines « homo- » de

« homosexualité » (*homo* signifie « même » en grec) et « phobie », qui se rapporte à une peur panique irrationnelle. En situation d'interaction sociale, l'homophobie sert bien souvent de douanière du genre, c'est-à-dire à garder les frontières du masculin et du féminin, comme lorsqu'un petit garçon se fait traiter de « tapette » non pas en raison de ses préférences sexuelles, mais bien pour lui signifier qu'il n'a pas respecté les attributs du genre masculin.

LGBT Acronyme désignant les orientations et groupes sexuels opprimés : Lesbiennes, Gays, Bisexuel-le-s, Transsexuel-le-s, Transgenres.

Misogynie Aversion, peur, haine ou mépris pour ce qui est catalogué comme « féminin » (les femmes, le sexe féminin ou toute activité dite « féminine »).

Norme, normal-e, normatif-ve... Se référant à une hiérarchie binaire où un modèle est supérieur et où le reste est exclu, dévalué : l'a-normal.

Patriarcat ou viriarcat Type d'organisation sociale où l'autorité domestique et l'autorité politique sont exercées par les hommes chefs de famille (définition du *Trésor de la langue française*) ; dans le système patriarcal, tout ce qui est catalogué comme « féminin » est subordonné aux hommes et l'inégalité entre les hommes et les femmes constitue une loi quasi immuable et permanente. Le patriarcat est souvent donné comme un système symétriquement opposé au matriarcat, qui serait fondé sur la suprématie politique des femmes (hypothèse historique quasiment mythologique et jamais réellement avérée, puisque toujours infirmée par les sciences humaines à ce jour – ne pas confondre avec la matrilinéarité, quand le lignage se transmet par la mère). Dans ce livre, nous montrons comment le patriarcat, bien qu'il soit devenu très réduit dans notre législation, continue à structurer les rôles inégaux des hommes et des femmes dans la société. Nous militons pour une réelle déconstruction de ce système politique et social; mais à aucun moment nous ne plaidons pour la construction d'un système matriarcal qui ne ferait qu'inverser les inégalités. Nous militons pour un monde où l'appartenance à un sexe ou à un autre cesse d'être un facteur de valorisation ou de discrimination, un monde où l'appartenance à un sexe ou à un autre aurait la même pertinence sociale, politique ou professionnelle que, par exemple, la couleur des yeux.

Sexe Après avoir longtemps cru à la détermination du sexe par le chromosome Y, les scientifiques ont trouvé de nombreux contre-exemples infirmant son rôle déterminant (les anomalies génétiques où le sujet est homme alors qu'il ne possède pas le chromosome Y sont nombreuses). Aujourd'hui, la version officielle des scientifiques consiste à dire que le sexe est une « moyenne » constituée par cinq facteurs : le sexe génique, le sexe chromosomique, le sexe gonadique (ovaire, testicules ou ovotestis – pour les hermaphrodites), le sexe hormonal et le sexe phénotypique (ou physiologique). Un continuum biologique est mis en évidence dans le cas des sexes, tout comme dans le cas des races.

Sexisme Attitude hostile et discriminatoire à l'égard des personnes de sexe opposé. Le sexisme s'apparente au racisme (une sorte de racisme envers les femmes ou les hommes en raison de leur sexe) et se manifeste dans tous les domaines de la vie (sociale, professionnelle, culturelle, politique, psychologique). Bien qu'il existe des attitudes et des comportements sexistes à l'égard des hommes, on constate que le sexisme à l'égard des femmes est autrement plus répandu et fort en raison de la longue tradition culturelle du patriarcat, de la même manière que le racisme contre les non-Blancs provoque autrement plus de discriminations que le racisme contre les Blancs dans les sociétés occidentales.

Sexiste Se dit d'une personne ou d'un comportement qui discrimine un sexe en faveur de l'autre. Un-e employeur-euse qui propose, pour le même travail, un salaire inégal entre une femme et un homme est un-e employeur-euse sexiste. Une publicité qui utilise le corps nu d'une femme pour faire vendre une machine à laver est une publicité sexiste car elle montre moins de respect pour le corps des femmes que pour celui des hommes. Mais on peut également qualifier de sexiste le comportement des parents qui accablent leur fils de mots méprisants parce qu'il ose exprimer son chagrin par des pleurs, tandis qu'ils considèrent que leur fille a tout à fait le droit de pleurer dans des circonstances similaires. Il en est de même des gens qui considèrent d'emblée qu'une femme est meilleure/plus apte qu'un homme à éduquer des enfants.

NOTES

1. Les femmes sont peu représentées dans toutes les positions dirigeantes, aussi bien dans l'entreprise que dans la vie publique. Elles ne représentent que 2,5 % de l'ensemble des cinq personnes les mieux payées de chacune des entreprises aux États-Unis. L'expression américaine pour décrire cet état de fait est *glass ceiling*, le « plafond de verre » qui les empêche de parvenir au sommet.
2. Meurs Dominique et Ponthieux Sophie, « L'écart des salaires entre les femmes et les hommes peut-il encore baisser ? » in *Economie et Statistique*, n° 398-399 (2007).
3. Ferrand Michèle, *Féminin Masculin*, La Découverte (2004), p. 21 ; de 1986 à 1999, la part des hommes dans les tâches domestiques est passée de 32 % à 35,4 %.
4. Source : ministère de l'Intérieur, délégation aux victimes.
5. Pour un développement de cette question, lire Carnino Guillaume, *Pour en finir avec le sexisme*, L'Echappée (2005).
6. Daflon Novelle Anne, « Sexisme dans la littérature enfantine : quels effets pour le développement des enfants ? », in *Cahiers internationaux de psychologie sociale* (2003).
7. Association présidée par Adela Turin, auteure de nombreux albums pour la jeunesse – *Quels modèles pour les filles ? Une recherche sur les albums illustrés*, édition Du côté des filles (2004). Le corpus étudié était de 367 albums français, 81 anglais, 51 étasuniens et canadiens, et quelques albums d'autres pays d'Europe. Il apparaît que près de 80 % des titres d'albums qui suggèrent un personnage ou plus évoquent au moins un personnage masculin, contre près de 25 % au moins un personnage féminin.
8. Delphy Christine, *L'Ennemi principal. Économie politique du patriarcat*, Syllepse (1998).
9. Cromer Sylvie (de l'association Du côté des filles), in *Citrouille* n° 24 (novembre 1999).
10. Delahaye Gilbert, *Martine petite maman*, Casterman (dernière édition, 1993).
11. Lartet-Geffard Josée, in *TDC*, n° 823, (novembre 2001).
12. Montardre Hélène, *L'image des personnages féminins dans la littérature de jeunesse française contemporaine de 1975 à 1995*, ARNT, thèse de doctorat (1999).

13. Beauvoir Simone (de), *Le Deuxième Sexe*, T. II, Gallimard (1949), p. 13.

14. L'âgisme est à l'âge ce que le racisme est à la race.

15. La domination économique et sociale de classe est aussi présente dans les jouets et jeux, à commencer par ceux qui invitent à s'imaginer être un « capitaliste » : le Monopoly ou Richesses du monde en sont des exemples caricaturaux.

16. Brougère Gilles, *Jouets et compagnie*, Stock (2003).

17. Brougère, *op. cit.*

18. Sur le rôle primordial des enfants dans la consommation, voir François Brune, « L'enfant-roi – l'enfant-proie », *Le Monde diplomatique*, septembre 2004, p. 3.

19. Vincent Sandrine, « Des jouets qui cachent bien leur jeu… », *Sciences humaines* n° 152 (août-sept. 2004).

20. Voir les témoignages p. 99 (au début de la partie Témoignages et expériences).

21. Vincent, *op. cit.*

22. Sur la conception des jouets, voir l'étude de Simon Richir, *Le Jouet, un produit industriel très particulier*, ISTIA. Innovation, université d'Angers (www.musee-du-jouet.fr/europe/design.doc).

23. Au début des années 2000, l'œuvre la plus traduite dans le monde était… l'ensemble des publications Disney. Voir Pierre Bruno, *La Culture de l'enfance à l'heure de la mondialisation*, In-Press (2000), ouvrage dans lequel on trouve aussi une intéressante analyse du conservatisme et du sexisme de Harry Potter.

24. Le secteur des jeux et jouets représentaient alors 100 000 personnes et 2 000 entreprises. Chiffres de la Commission européenne (http://ec.europa.eu/enterprise/toys/index_fr.htm).

25. La production française de jouets se concentre, elle, sur des « niches » : les « jouets aux vertus culturelles et pédagogiques », tels que les jouets en bois ou les coûteuses poupées Corolle, plutôt consommés par les riches Européens.

26. Collectif De l'Éthique sur l'étiquette. Site : www.ethique-sur-etiquette.org.

27. Infos extraites de *Des jouets produits dans la douleur*, une étude de Réseau-Solidarité.

28. *Libération*, 5 septembre 2007.

29. Bruno, *op. cit.*

30. *Étude Le Marché du jouet*, Centre de recherche et d'informations des organisations de consommateurs (Belgique), novembre 2006.

31. « Le marché des jeux et jouets se porte bien en 2006 », par le cabinet d'études de marché NPD Group (www.npd.com).
32. De nombreux exemples de cet historique proviennent de Vincent Sandrine, *Le Jouet et ses usages sociaux*, La Dispute (2001).
33. Cité par Belotti, *op. cit.*, p. 34.
34. Harris Judith, *Pourquoi nos enfants deviennent ce qu'ils sont*, Pocket (2004), p. 219.
35. Vu sur le site www.eveiletjeux.com
36. Toys'R'Us, catalogue 2006.
37. Tap Pierre, *Masculin et féminin chez l'enfant*, Privat (1985).
38. Lézine Irène, *Le Développement psychologique de la première enfance*, PUF (1965), cité et analysé par Belotti, *op. cit.*, pp. 52-54.
39. Falconnet Georges et Lefaucheur Nadine, *La Fabrication des mâles*, Seuil (1975).
40. Voir la partie « Jouets sexistes ou usage sexiste des jouets ».
41. Belotti, *op. cit.*, p. 112.
42. Terme volontairement employé par certain-e-s féministes afin de mettre en avant le fait que l'une des tâches principales attendue des femmes consiste bien à s'occuper du versant matériel et peu gratifiant relatif à l'éducation des enfants.
43. Au sujet des infirmières et autres soins aux personnes, Ilana Löwy a développé la thématique du « *care* » – l'attention et la disponibilité aux autres apparaissant comme constitutifs de la construction de la féminité – dans *L'Emprise du genre*, La Dispute (2006).
44. Ou plus exactement métisse, son teint et ses cheveux bouclés la distinguaient bien des autres enfants représentés dans ce catalogue 2006 qui, par ailleurs, présente une proportion absolument infime d'enfants issus de ce que l'on appelle les minorités visibles.
45. De temps en temps, des personnages féminins apparaissent dans d'autres corps de métiers que ceux liés à la beauté, au ménage ou au soin des enfants, à côté de personnages masculins, dans un bureau de poste ou une douane (Playmobil), ou encore une expédition scientifique (Playmobil « Explorateur banquise squelette » : deux hommes et une femme). Mais, globalement, les professions destinées à construire l'imaginaire des petites filles se situent au bas de l'échelle sociale et sont toujours liées à des qualités et rôles supposés « féminins ».

46. Hanquez-Maincent Marie-Françoise, *Barbie. Poupée totem*, Autrement (1998).

47. Hanquez-Maincent, *op. cit.*

48. De 2 % à 3 % des femmes souffrent d'anorexie à un moment de leur vie (surtout à l'adolescence).

49. Plus de 200 000 opérations par an en France (source Arte, 2006).

50. www.barbiegirls.com

51. www.bratz.com/fr

52. Falconnet et Lefaucheur, *op. cit.*

53. Löwy Ilana, *Pour en finir avec la domination masculine*, Les Empêcheurs de Penser en Rond (2007).

54. Löwy, *op. cit.*

55. www.girly-quiz.com

56. Digard Jean-Pierre, « Des manèges aux tipis. "Équitation éthologique" et mythes indiens », revue *Techniques et Culture*, n° 43-44 (2004).

57. Chaumier Serge, *La Production du petit homme*, disponible sur http://publisexisme.samizdat.net

58. La différence entre une femme « cordon bleu » et un « chef cuisinier » est à cet égard exemplaire : pour la première, c'est un don, pour le second, c'est la maestria.

59. Peter Christophe « Goût pour les jeux vidéo, goût pour le sport, deux activités liées chez les adolescents », in *Culture prospective*, ministère de la Culture et de la Communication (février 2007).

60. Collet Isabelle, « L'informatique a-t-elle un sexe ? », in *Le Monde diplomatique* (juin 2007).

61. Collet Isabelle, *Comment l'informatique a « attrapé » un sexe*, disponible sur www.sisyphe.org (juin 2007).

62. Ferrand Michèle, *Féminin Masculin*, La Découverte (2004).

63. Même si de plus en plus de femmes sont médecins généralistes, les spécialités prestigieuses restent masculines. Voir « Chirurgienne » in Löwy Ilana et Marry Catherine, *Pour en finir avec la domination masculine de A à Z*, Les Empêcheurs de Penser en Rond (2007).

64. www.toysrus.fr/result.php?MarqueIdx=384

65. Tabet Paola, *La Construction sociale de l'inégalité des sexes. Des outils et des corps*, L'Harmattan (1998).

66. Selon l'historien George Mosse – *L'Image de l'homme. L'invention de la virilité moderne*, Pocket (1997) –, l'histoire du sport moderne, cette « activité publique, communautaire qui donnait un esprit de corps à la futur élite », est étroitement liée à celle de l'armée et au fascisme.

67. www.washingtonpost.com/wp-dyn/content/article/2006/02/13/AR2006021302437.html

68. Mosse George, *L'Image de l'homme, op. cit.* : « La virilité moderne reflète le fonctionnement de la société qui a besoin d'adversaires pour se fortifier et se donner plus de cohérence ».

69. Borillo Daniel, *L'Homophobie*, PUF (2000), pp. 17-18.

70. *Ibid.*, p. 99.

71. Gentaz Christophe, « L'homophobie masculine : préservatif psychique de la virilité ? », in Daniel Welzer-Lang, Pierre Dutey et Michel Dorais (dir.), *La Peur de l'autre en soir. Du sexisme à l'homophobie*, VLB (1994), p. 219.

72. Voir le témoignage sur l'accueil des jeunes enfants dans la dernière partie de l'ouvrage.

73. Pheterson Gail, *Le Prisme de la prostitution*, L'Harmattan (2001).

74. Wittig Monique, *La Pensée straight*, Balland (2001).

75. Étude citée dans Burke Phyllis, *Gender Shock*, Anchor Books (1996), p. 123.

76. Kaufmann Jean-Claude, *La Femme seule et le Prince charmant*, Pocket (2007).

77. Margaret Mead fut une des premières à avancer, dans les années 1930, que c'est la culture qui façonne les individus selon leur appartenance de sexe, en analysant les modèles culturels féminins et masculins dans certaines tribus d'Océanie. Voir à ce sujet Mead Margaret, *Mœurs et sexualité en Océanie*, Plon (1963).

78. Voir partie « Expériences et témoignages ».

79. Expérience citée dans Vincent, *op. cit.*, p. 126 : plus les mères possèdent un niveau de diplôme élevé, moins elles sont attachées à l'identité de sexe des jouets offerts.

80. C'est-à-dire que des hommes puissent accéder à des professions jugées féminines, comme sage-femme ou puéricultrice.

81. Welzer-Lang Daniel, Dutey Pierre et Dorais Michel (dir.), *La Peur de l'autre en soi. Du sexisme à l'homophobie*, VLB (1994). Refuser les valeurs de la virilité, cela revient donc à être catégorisé du côté des dominé-e-s, les « femmelettes ». À l'inverse, une petite fille vivra plus facilement son penchant pour les jeux de garçons dans la mesure où elle s'amuse alors avec des jouets qui véhiculent les valeurs masculines, valeurs qui ne sont autres que celles qui dominent la société et qui, du coup, sont intrinsèquement légitimes.

82. Burke, *op. cit.*, p. 32-33.

83. Ivar Lovaas, psychologue clinicien de l'université de Washington, Richard Green, de l'institut psychiatrique de l'université UCLA, George Rekers, diplômé de l'UCLA et de Harvard.

84. Voir Burke, *op. cit.*, p. 20 : Robert D. Myrick, de l'université de Floride, publia en 1970 les résultats d'une expérience : « The consular consultant and the effeminate boy ».

85. La responsable de cette étude, Virginia Bottomley, est devenue par la suite secrétaire d'État à la Santé sous le gouvernement de John Major en Grande-Bretagne entre 1992 et 1995.

86. Voir par exemple Green Richard, *The Sissy Boy Syndrome*, Yale University Press (1987) ; Reckers George Allen, *Handbook of Child and Adolescent Problems*, Toronto Lexington Books (1995).

87. Expériences citées dans Burke, *op. cit.*, p. 57 et 179.

88. Vincent Sandrine, « Des jouets qui cachent bien leur jeu... », in *Sciences humaines* n° 152 (août-sept 2004) , p. 24.

89. François Brune, « L'enfant-roi – l'enfant-proie », *Le Monde diplomatique*, septembre 2004, p. 3.

90. Dix points-clés d'un marché fortement internationalisé (2007), brochure promotionnelle des TIE.

91. *Toy Industries of Europe, Facts and Figure* (juillet 2006), disponible sur www.tietoy.org

92. Vincent, *op. cit.*

93. « De la pub entre les pubs », in *Offensive* n° 6, « Homo publicitus » (avril 2005), p. 21.

94. Offensive, *op. cit.*, p. 21.

95. Chiffres publiés par le service des études et des statistiques industrielles pour le ministère de l'Économie, des Finances et de l'Emploi. Voir www.industrie.gouv.fr/biblioth/docu/dossiers/sect/pdf/jeux.pdf

96. Chaumier Serge, *Les Jouets sexués*, disponible sur www.ulg.ac.be/ferulg/chaumiertexte.pdf

97. Vincent, *op. cit.*

98. « Les images et stéréotypes sexistes ont le redoutable pouvoir d'amener les filles à autocensurer leurs désirs et leurs potentialités, à restreindre leurs aspirations professionnelles aux limites conventionnelles de professions stéréotypées qui assignent aux femmes une situation de subordination et des bas salaires. » Michel Andrée, *Non aux stéréotypes! Vaincre le sexisme dans les livres pour enfants et les manuels scolaires*, Unesco (1986).

99. Caillois Roger, *Les Jeux et les hommes*, Gallimard (1967).

100. Il existe 1 150 ludothèques en France. Voir les coordonnées de l'Association des ludothèques de France p. 158.

101. Voir les coordonnées de différentes associations p. 158.

102. Le rapport à notre corps est lui aussi construit par le genre, comme l'explique Colette Dowling dans *Le Mythe de la fragilité. Déceler la force méconnue des femmes*, Le Jour Éditeur (2001).

103. Ces dispositifs sont très proches de la première exposition de l'Internationale situationniste en 1959 à Amsterdam, au musée Stedelijk. Il s'agissait d'un labyrinthe sensoriel, destiné à faire perdre ses repères au visiteur, afin qu'il en constitue lui-même de nouveaux à travers une approche corporelle consciente et active du lieu.

104. Debord Guy (1957).

105. Tisseron Serge, *Enfants sous influence. Les écrans rendent-ils les jeunes violents?*, Armand-Colin (2000).

106. *Guide des ressources, 2006-2007*, édité par Non-Violence actualité.

107. Charmeux Éveline, « Une tautologie ridicule », in *L'Education à la paix*, CNDP (1993).

108. Langlois Denis, « L'injustice racontée aux enfants » in *La Colombe et l'Encrier*, Syros (2003).

109. Cette section a été élaborée par des professionnel-le-s de l'enfance (dont principalement une éducatrice de jeunes enfants).

110. *Citrouille* (novembre 1999).

111. Page d'accueil du site de *Citrouille* en septembre 2005.

112. Pour plus de détails, se reporter à la bibliographie jeunesse, p. 147.

113. Tous les prénoms ont été modifiés.

114. Pour la définition des métiers de la petite enfance, se reporter au glossaire.

115. Personnages enfantins de souris dessinées.

116. Montradre, *op. cit.*, p. 289-293 : « Il y a plus de chances que le lecteur fille s'identifie à un personnage garçon puisque c'est celui qu'elle rencontre le plus fréquemment ». D'autant plus que « les personnages masculins ont bien souvent un rôle beaucoup plus intéressant que les personnages féminins [...] Par contre, pour un petit garçon, l'identification à un personnage féminin devient impossible ».

117. Papier à lettre avec des dessins de souris.

118. Voir coordonnées et présentation à la fin du volume.

119. *Idem.*

120. *Idem.*

121. Catalogue disponible en ligne http://publisexisme.samizdat.net/Catalogue.pdf

122. Catalogue disponible sur http://cglrennes.free.fr/archives/0612CCJS/catalogue.html

123. Princesse un jour...

Sur l'air de *La Vie en rose*

Quand on m'offre des poupées
Des tables à repasser
Je vois la vie en rose.
Même si je suis encore petite
Il n'est jamais trop tôt
Pour apprendre mon rôle.
Une mère attentionnée
Qui soigne son foyer
Voilà ma destinée.
Princesse un jour et boniche pour toujours,
Le choix est fait, j'ai plus le droit de décider.

Quand on m'offre des petits soldats.
Des motos des Lego
Je vois la vie en bleu.
Petit mais déjà costaud
Il n'est jamais trop tôt
Pour apprendre mon rôle.
Un petit gars un dur un vrai
Qui veut tout diriger
Par la violence régner.
Le chef c'est moi je suis macho c'est comme ça,

Le choix est fait, j'ai plus le droit de décider!

La Fée Ministe
Sur l'air de *Pirouette Cacahuète*

Papa Noël est passé,
Pirouette, cacahuète,

Papa Noël est passé,
Kévin a eu une grosse voiture
Et Manon une belle poupée.

Mais tous on en a assez,
Pirouette, cacahuète,
Mais tous on en a assez,
Que not' sexe détermine nos jouets (bis)

Et la fée est arrivée,
Pirouette, cacahuète,
Et la fée est arrivée,
La fée Ministe, la fée Ministe (bis)

Avec sa baguette magique,
Pirouette, cacahuète,
Avec sa baguette magique,
Elle a changé tous nos jouets (bis)

Manon peut jouer au rugby,
Pirouette, cacahuète,
Manon peut jouer au rugby,
Et Kévin à la Barbie (bis)

Et papa a pris le temps,
de s'occuper de ses enfants (bis)

Car la fée a supprimé,
Pirouette, cacahuète,
Car la fée a supprimé,
Les modèles stéréotypés (bis).

124. Brèves dans *Libération, Têtu, Zurban, Politis, L'Actu, Elle, L'Humanité*; articles plus fournis dans *Le Monde, Ouest-France, Le Monde libertaire, Version femina* ou *Le Monde de l'éducation*...

125. Par exemple France Info, France Inter, RMC Info, Europe 2, BFM, RFM, Oui FM, RTL, RFI, TSF, Sud Radio Toulouse ou Radio Nostalgie…

126. Radio Nova, Radio Aligre, Radio Campus ou Radio Libertaire…

127. Décisions souvent sujettes à controverse au sein même du collectif des personnes organisatrices, puisque le passage à la télévision peut impliquer de se plier à un dispositif parfois contraignant au point de rendre les propos énoncés contre-productifs et/ou méconnaissables.

128. Mosse, *op. cit.*

PRÉSENTATION DES ASSOCIATIONS

... qui organisent chaque année la campagne contre le sexisme dans les jouets.

Mix-cité

Mix-cité, mouvement mixte pour l'égalité des sexes, est une association féministe, antisexiste, mixte (rassemblant des femmes et des hommes), et universaliste (elle considère que les identités sexuées se construisent à travers l'éducation et non qu'elles sont le produit naturel d'une différence génétique entre filles et garçons).
L'association pose la mixité dans le féminisme comme un moyen pour repenser les rapports sociaux de sexe et promouvoir l'égalité entre les femmes et les hommes à l'école, au travail, en politique, dans la famille, dans l'espace public ; le but de l'association est de mener des débats, réflexions et actions auprès du grand public, des médias et des institutions.
Nous luttons entre autres contre les violences faites aux femmes, pour le droit des femmes à disposer de leur corps, pour le développement des structures d'accueil de la petite enfance.

__Coordonnées des différents groupes__ (Paris, Rennes, Toulouse, Orléans, Nantes, etc.) sur www.mix-cite.org > rubrique contacts
c/o MFPF 4, square Saint-Irénée, 75 011 Paris

Le Collectif contre le publisexisme (CCP)

Le Collectif contre le publisexisme est un collectif féministe créé à l'automne 2001 pour lutter contre les stéréotypes sexistes véhiculés par la publicité. Ces stéréotypes contribuent à enfermer les deux sexes dans les rôles définis par le patriarcat, et légitiment les discriminations envers les femmes et leur domination par les hommes. Le collectif est mixte et privilégie l'action directe dans les luttes, comme la diffusion de tracts auprès du public, des actions dans les magasins qui utilisent des publicités sexistes ou chez les publicitaires eux-mêmes. Un des objectifs est que les pubs sexistes deviennent aussi inadmissibles que les réclames racistes. Plus largement, c'est la construction des identités de genre qui est attaquée.

Collectif contre le publisexisme
145 rue Amelot, 75 011 Paris
http://publisexisme.samizdat.net
contrelepublisexisme@samizdat.net

Les panthères roses

Les panthères roses, groupe d'activistes gouines, trans et pédés, féministe et progressiste, luttons contre les oppressions de genre et de sexualité. Nous analysons ces oppressions comme les conséquences d'un système politique qui entérine la suprématie masculine, hétérosexuelle, et l'assignation à son sexe génétique. Par solidarité et volonté politique, nous tissons des liens avec d'autres mouvements de résistance pour combattre les autres systèmes de domination (sexisme, racisme, etc.). Ces systèmes, bien que différents les uns des autres, s'articulent et se renforcent pour mieux asseoir la domination de l'homme blanc hétérosexuel chrétien en bonne santé.

Les panthères roses
Maison des associations du 19e
20 rue Edouard- Pailleron, 75 019 Paris
www.pantheresroses.org
pr@pantheresroses.org

BIBLIOGRAPHIES

BIBLIOGRAPHIE JEUNESSE

(toutes les indications d'âge sont données à titre purement indicatif, pour pouvoir se faire une idée…)

ALBUMS

Christian BRUEL et Nicole CLAVELOUX, *L'Heure des parents*, Être, 1999.
Les parents de la petite Camille sont tour à tour des explorateurs, des antimondialistes, des agents secrets… ils sont deux hommes, un homme et une femme, deux femmes, un monoparent ou toute une bande… Dès 3 ans.

Robert MUNSCH, ill. Michael MARTCHENKO, *La Princesse et le Dragon*, Talents Hauts, 2005.
La princesse Elisabeth doit épouser le prince Ronald. Un jour, un dragon détruit son château, brûle sa jolie robe et emporte le prince. Elisabeth décide de poursuivre le dragon et de sauver Ronald… Un livre où les filles chassent le dragon ! Dès 4 ans.

Fred L., *Quand Lulu sera grande*, Talents Hauts, 2005.
Quand Lulu sera grande, elle rangera sa chambre à sa façon, jouera au foot, soignera les animaux et conduira un camion, même si les grands disent que « c'est que pour les garçons ». Dès 4 ans.
À lire également dans la collection « Des livres pour les filles que tous les garçons devraient lire. Et inversement. » des éditions Talents Hauts, les « albums garantis 100 % antisexisme » : *Ma mère, Moi, mon papa…, Imagier renversant, Longs cheveux, Bijou casse-cou* et *Je veux un zizi* !

Brigitte HELLER-ARFOUILLERE, Jean WEISSMANN, *Le Secret de la citrouille*, Milan, 2005.
Une très belle histoire d'amitié entre deux femmes, adaptée d'un conte traditionnel chinois. Dès 4 ans.

Marie-Odile JUDES et Martine BOURRE, *Maxime Loupiot*, Flammarion-Père Castor, 1996.
Maxime Loupiot sera fleuriste quand il sera grand. Mais son père ne l'entend pas de cette oreille. Les loups sont chasseurs de père en fils dans la famille. Il imagine donc toutes sortes de stratagèmes pour tenter de dissuader son fils… Un livre plein d'humour et de tendresse. Dès 4 ans.

Gerda WAGENER et Jozef WILKON, *Un petit loup si doux*, Actes Sud Junior, 2005.
Les parents de Petit Loup sont désespérés. Leur fils est si différent des autres loups. Petit Loup est rêveur, fantaisiste et attendrissant. Il aime nager avec les poissons, jouer avec les lapins, se régaler de feuilles d'oseille… Mais les moqueries de ses frères et sœurs et les remontrances de ses parents le rendent bien triste et le poussent à s'enfuir dans la forêt. Un livre poétique sur l'acceptation de la différence. Dès 4 ans.

Lena et Olf LANDSTRÖM, *Quatre poules et un coq*, L'École des Loisirs, 2005.
Quatre poules partagent la même mangeoire de nourriture avec un petit coq tout entier préoccupé par un grand projet. Comme il travaillait toute la journée, il exigeait le silence et les poules étaient obligées de caqueter en sourdine. Un jour, les poules se révoltent et revendiquent autant de nourriture que le coq, mais le coq joue au petit chef, les réprime et impose sa loi. C'est alors que la rébellion s'organise… Dès 5 ans.

Adela TURIN, ill. Nella BOSNIA, *Un heureux malheur*, Actes Sud junior, 1999.
Un heureux malheur met en scène une famille traditionnelle : Papa travaille très dur pendant que Maman s'occupe de la maison et des enfants, jusqu'à ce qu'un véritable déluge dévaste leur logis et les oblige à quitter leur nid douillet. Cette expérience amène les parents à composer de nouveaux rôles, et ainsi, à élargir leur horizon de liberté. Dès 5 ans.

Adela TURIN, ill. Nella BOSNIA, *Rose bonbon*, Actes Sud Junior, 1999.
Au pays des éléphants, les éléphantes parées de nœuds sont enfermées dans un enclos et nourries avec des pivoines et des anémones pour devenir de belles éléphantes à la peau rose tandis que les garçons, gris, peuvent aller jouer dans l'herbe et la boue. Mais Pâquerette refuse cet état de fait. Elle décide de ne pas manger les fleurs et de quitter son enclos. Dès 5 ans (épuisé, disponible en bibliothèque).

Adela TURIN, ill. Nella BOSNIA, *Arthur et Clémentine*, Actes Sud Junior, 1999.
Deux tortues décident de convoler en mariage au large d'un

étang. Mais le quotidien s'installe... Clémentine est une petite tortue sur le lent chemin de l'indépendance. Dès 5 ans.

Thierry LENAIN, ill. Delphine DURAND, *Mademoiselle Zazie a-t-elle un zizi ?*, Nathan, 1998.
Max pensait que le monde était partagé entre les « Sans-Zizi », qui jouent à la poupée et dessinent des fleurs nunuches, et les « Avec-Zizi » évidemment beaucoup plus forts. Mais un jour, Zazie arrive et toutes les certitudes de Max sont ébranlées. Zazie dessine des énormes mammouths, elle joue au foot, elle n'a pas peur de grimper aux arbres... Persuadé que Zazie est une fille avec zizi, il décide d'enquêter... Dès 5 ans.

Thierry LENAIN, ill. Catherine PROTEAUX, *Menu fille ou menu garçon ?* , Nathan, 1996.
Léa est contente, elle va manger un hit-burger. L'ambiance se gâte lorsque son père provoque un scandale au Hit-Burger parce qu'il refuse que la serveuse donne un menu fille à sa fille qui, elle, préfère les fusées aux poupées. Un livre plein d'humour qui montre – c'est rare ! – un parent « engagé ». Dès 5 ans.

Thierry LENAIN, ill. Aurélie Guillerey, *Je me marierai avec Anna*, Nathan, 2004.
Toute fillette qui se respecte se doit d'avoir un amoureux. Et quand les parents s'en mêlent, cela peut vite devenir oppressant. D'autant que Cora n'aime pas Bastien mais sa copine Anna. Dès 5 ans.

Latifa ALAOUI et Stéphane POULIN, *Marius*, L'Atelier du Poisson Soluble, 2001.
Les parents de Marius se sont séparés et « maintenant Maman a un amoureux et mon papa aussi ». Pour lui, il n'y a rien d'anormal à ce que son père soit avec un autre homme et il raconte cela avec naturel. Il reste que les adultes qui entourent Marius ne sont pas tous très compréhensifs face à l'homosexualité... Mais le regard de cet enfant va finir par adoucir les peurs et les préjugés des adultes. Un album riche d'amour et de tolérance sur l'homosexualité des parents. Dès 5 ans.

Anna HÖGLUND, *Lola s'en va*, Seuil jeunesse, 1998.
C'est l'histoire d'un couple de souris. Lola, lassée d'attendre son compagnon, prend son baluchon. En route vers le sud. L'histoire d'un faux départ, d'un retour au bercail, d'une déception : Léon n'est toujours pas rentré. Jusqu'à ce que l'écureuil lui propose d'aller jouer... Dès 6 ans.

Brigitte MINNE, *La Fée sorcière*, Éditions L'École des Loisirs, collection « Pastel », 2000.
Les fées, comme Marine, doivent toujours être propres, dociles

et douces. Au contraire, les sorcières, elles, ont le droit de se salir, de crier… Marine préférerait être sorcière, mais ce n'est pas du goût de sa maman… La petite fée ne résistera pas longtemps à l'attrait de la liberté, en rejoignant le monde des sorcières. Dès 6 ans.

Jeanne WILLIS et Tony ROSS, *Je veux être une cow-girl*, Gallimard Jeunesse, coll. « Folio benjamin », 2001.
Elle ne veut pas être une gentille petite fille sage. Elle rêve d'une vie au plein air dans le Grand Ouest. Elle s'imagine cow-girl sur son cheval sauvage à la tête d'un troupeau de bêtes… Est-ce vraiment un problème ? Dès 6 ans.

Harriët VAN REEK, *Les Aventures de Léna*, Être, 2004.
Un petit bijou d'humour et de simplicité. L'héroïne est une fille curieuse de tout à qui il arrive un tas d'aventures. On sourit à chaque page de voir cette étonnante petite fille goûter au plaisir d'exister. Dès 6 ans.

Anne-Marie DESPLAT-DUC, ill. MORGAN, *Plumette une poule super chouette*, Rageot, 2000.
C'est le temps des élections dans le poulailler. Et, comme tous les ans, Coquenpâte s'apprête à être réélu. Mais il devra, cette année, faire face à un jeune concurrent, Coqhardi, qui rêve d'honneur et de gloire. Le combat de coq est lancé. Insatisfaites du programme de l'un comme de l'autre, les poules organisent la rébellion. En effet, pourquoi leur chef ne serait-il pas une cheffe ? Plumette sème la révolution dans le poulailler. Dès 6 ans.

Thierry LENAIN et Magali SCHMITZLER, *Zazie et les femmes nues*, Où sont les enfants, 2006.
Mademoiselle Zazie ne supporte plus les femmes nues « sur les murs des maisons, sur les portes des magasins, sur le cul des bus, et jusque dans le regard des hommes… ». Avec ses copines, elle décide de les rhabiller… Illustration en photos très originale. Dès 7 ans.
À découvrir sur le site de l'auteur :
http://thierrylenain.free.fr/zazieetlesfemmesnues.html

Christian BRUEL, Anne BOZELLEC, avec la collaboration de Annie GALLAND, *Histoire de Julie qui avait une ombre de garçon*, Le sourire qui mord, 1976.
Julie cherche par tous les moyens à se débarrasser de son ombre de garçon, de cette étiquette de garçon manqué qu'on lui impose jusqu'à ce qu'elle rencontre un garçon en pleurs qu'on traite de fille. Un livre touchant. Dès 9 ans (épuisé, disponible en bibliothèque).

POÉSIE

David DUMORTIER, *Mehdi met du rouge à lèvres*, Cheyne, 2006.
Mehdi, un petit garçon pas comme les autres, a des manières de filles. Une histoire sur la différence, toute en poèmes… Dès 8 ans.

BANDE DESSINÉE

Dominique de SAINT MARS, ill. Serge BLOCH, *Max embête les filles*, Calligram, 2000.
C'est l'histoire d'une cour de récréation où s'affrontent, à coups de lieux communs, d'un côté, le clan des garçons, de l'autre, celui des filles… jusqu'au jour où les deux parties s'engagent à faire la paix et à devenir égaux… Une série très prisée par les enfants, qui aide à réfléchir. Dès 8 ans.

FICTIONS POUR LES PLUS GRAND-E-S

Ania LEMIN, *Elle*, Esperluète, 2001.
Elle est une fille qui ne « pensait qu'à elle », une autre fille. Elle l'aimait en secret car personne ne lui avait dit qu'une fille pouvait aimer une autre fille. Un jour, une copine de classe découvrit son nom sur sa gomme et on la traita de lesbienne. Elle ne savait pas ce que signifiait cette insulte… Dès 9 ans.

Claude PUJADE-RENAUD et Daniel ZIMMERMAN, *Championne à Olympie*, Gallimard (Folio Junior), 2004.
Myrto, une jeune Grecque de douze ans, a une passion pour la course. Elle rêve de participer aux Jeux olympiques, réservés aux hommes à cette époque. Elle décide alors de se faire passer pour un garçon. Dès 9 ans (provisoirement épuisé).

Florence DUTRUC-ROSSET, Ill. Marylise MOREL, *C'est la vie Lulu. On me traite de garçon manqué*, Bayard Jeunesse 2006.
Lulu se fait traiter de « garçon manqué » à la récréation car elle joue au foot avec les garçons. Elle décide de réagir. Le lendemain, elle s'habille comme une « vraie fille ». Mais Lulu n'est pas à l'aise, ses vêtements l'empêchent de frapper dans le ballon. Alertée, la maîtresse propose un débat dans la classe sur les différences entre les filles et les garçons… Dès 9 ans.

Anne FINE, *La Nouvelle Robe de Bill*, École des Loisirs, 1997.
Bill se réveille un matin et découvre qu'il est une fille. Sa mère lui

demande d'enfiler une jolie robe. Personne ne remarque la transformation. Bill passera une journée très désagréable dans cet accoutrement car il y a beaucoup d'inconvénients à être une fille en robe : le sifflement des garçons, on ne peut pas jouer au foot, l'absence de poche... Il découvrira à ses dépens que ses camarades et les adultes ont des comportements et des attentes différentes à l'égard des filles et des garçons. Dès 10 ans (actuellement épuisé).

LIVRES DOCUMENTAIRES

Sylvie GIRARDET, *Silence, la violence !*, Fernando Puig Rosado (ill.), Hatier, coll. « Citoyens en Herbe », 2004.
Six petites fables mettent en scène des animaux pour apprendre à réagir de manière « non violente » face à des situations difficiles ou conflictuelles. Pour aider les jeunes lecteurs à résoudre les conflits par le dialogue, l'écoute de l'autre, l'entraide, la négociation ou encore le partage, dès 5 ans.

Collectif, *Des jeux et des jouets pour tous !*, publication de Peuples solidaires Lyon, 2001.
Ce livret pédagogique contient des petits jeux, des graphiques, des témoignages pour s'interroger sur ses jouets et faire réfléchir aux conditions de travail des ouvrier-ère-s qui les fabriquent, dès 8 ans.

Brigitte LABBE et Michel PUECH, *Les Garçons et les Filles*, Milan, coll. « Les Goûters philo », 2001.
Un petit livre pour commencer à réfléchir aux stéréotypes sexistes, à la répartition traditionnelle des rôles, à la féminisation des noms de métiers... avec des exemples de la vie quotidienne, des illustrations humoristiques et des analyses. On vous recommande plus particulièrement la lecture de « Des rôles qui empêchent », « Allez, pleure comme une fille », « Garçon manqué ! Femmelette », « Ça s'arrange, mais ça continue », « Une plombière, un nounou ». Dès 9 ans.

Béatrice VINCENT, Ill. Bertrand DUBOIS, *Filles = garçons ? L'égalité des sexes*, Autrement Junior (Série Société), 2001.
Un livre pour sensibiliser les enfants aux stéréotypes, aux inégalités dans la famille, au travail, à l'école, en politique, etc. avec des extraits de livres, des exemples, des chiffres et des repères historiques. En guise d'introduction, l'histoire tendre et drôle de Baptiste qui veut une « une cuisine avec tous les gadgets [...] et même... un tablier à fleurs ! » . Pour les 9/13 ans.

Denis LANGLOIS, *La Politique expliquée aux enfants et aux autres*, L'Atelier, coll. « Enfance Heureuse », 2002.
L'auteur explique que la politique concerne aussi les enfants : c'est la façon dont les êtres humains organisent leur vie sur terre, leurs efforts pour essayer de construire un monde où ils seront plus libres et plus égaux, dès 10 ans.

Il était une fois... l'histoire des femmes, Michelle PERROT répond à Héloïse et Oriane, Lunes, 2001.
Michelle Perrot, illustre historienne, répond aux questions de deux jeunes filles pour retracer l'histoire des femmes dans la société du Moyen Âge à nos jours à travers les thèmes du corps, de l'éducation, du sport, du rôle des femmes à la maison, du travail des pionnières, etc. Dès 10 ans.

Brigitte BEGUE, Anne-marie THOMAZEAU, Alain Serre, Ill. Antonin LOUCHARD, *Le Grand Livre des filles et des garçons*, Rue du Monde, 2000.
Livre documentaire sur les questions filles/garçons. Dès 11 ans.

Geneviève FRAISSE et Guillermo EL DON, *Le Mélange des sexes*, Gallimard Jeunesse coll. « Chouette penser ! », 2006.
Un ouvrage qui analyse les contours de la mixité. Un concept à multiples facettes. Dès 11 ans.

La collection *Histoire d'Elles* chez Pemf propose des biographies illustrées de femmes qui ont marqué l'histoire parmi lesquelles : Olympe de Gouges, Louise Michel, Marie Curie, Georges Sand, Camille Claudel, Hélène Boucher, Flora Tristan, etc. Facile à lire et passionnant. Dès 12 ans.

Bernadette THEULET-LUZIE, *Récup'créations*, Casterman, coll. « Les Grands Livres du Bricolage », 2001.
Cet ouvrage pratique propose de réaliser des jeux, des cadeaux, des décors pour la chambre à partir de matériaux de récupération et convie finalement l'enfant à porter un autre regard sur les choses.

BIBLIOGRAPHIE GÉNÉRALE

OUVRAGES

Barrère-Maurisson Marie-Agnès, Buffier-Morel Martine, Rivier Sabine, *Le Partage des tâches et des temps dans les ménages*, La Documentation Française, Cahier Travail et Emploi (2001)

Beauvoir Simone (de), *Le Deuxième sexe*, Gallimard (1986)

Belotti Elena Gianini, *Du côté des petites filles*, Édition des Femmes (1974)

Bernard Nicole, Le Bricquir Danielle, *La Colombe et l'Encrier – Pour une pédagogie de la paix*, Syros, coll. « Contre-Poisons » (1983)

Burke Phyllis, *Gender Shock*, Anchor Books (1996)

Butler Judith, *Trouble dans le genre. Le féminisme et la subversion de l'identité*, La Découverte (2006)

Carnino Guillaume, *Pour en finir avec le sexisme*, L'Échappée (2005)

Collectif, *L'Éducation à la paix*, Centre national de documentation pédagogique, coll. « Documents actes et rapports pour l'éducation » (1993)

Crabbe Carole et Delforge Isabelle, *Jouets de la mondialisation. Dans le monde désenchanté de Walt Disney*, Magasins du Monde – OXFAM, éditions Vista (2002).

Daflon Novelle Anne, *Filles-garçons socialisations différenciées ?*, Presses Universitaires de Grenoble (2006)

Delphy Christine, *L'Ennemi principal* (deux tomes), Syllepse (1998 et 2001)

Duru-Bellat Marie, *L'École des filles : Quelle formation pour quels rôles sociaux ?*, L'Harmattan (1994)

Falconnet Gilles, Lefaucheur Nadine, *La Fabrication des mâles*, Seuil (1975)

Faure Jean-Philippe, *Éduquer sans punitions ni récompenses*, Jouvence (2005)

Ferrand Michèle, *Féminin Masculin*, La Découverte (2004)

Gardet Delphine, Löwy Ilana, *L'Invention du naturel*, EAC (2000)

Gillet Jean-Claude, Raibaud Yves, *Mixité, parité, genre et métiers de l'animation ?*, L'Harmattan (2006)

Goffman Erving, *L'Arrangement des sexes*, La dispute (2002)

Guillaumin Colette, *Sexe, race et pratique du pouvoir*, Côté Femmes (1992)

Guionnet Christine, Neveu Érik, *Féminins/Masculins : sociologie du genre*, Armand Colin (2004)

Greer Germaine, *La Femme eunuque*, Robert Laffont (1998)

Hanquez-Maincent Marie-Françoise, *Barbie, poupée totem*, Autrement (1998)

Hirata Helena, Laborie Françoise, Le Doaré Hélène et Senotier Danièle (dir.), *Dictionnaire critique du féminisme*, PUF (2000)

Kaufmann Jean-Claude, *La Femme seule et le Prince charmant*, Pocket (2007).

Löwy Ilana, *L'Emprise du genre*, La Dispute (2006)

Mathieu Nicole-Claude, *L'Anatomie politique. Catégorisations et idéologies du sexe*, Côté Femmes (1991)

Maurel Olivier, *La Fessée, 100 questions-réponses sur les châtiments corporels* (préface d'Alice Miller), La Plage, coll. « Alternatives – Société » (2005, édition revue et augmentée)

Michel Andrée, *Non aux stéréotypes ! Vaincre le sexisme dans les livres pour enfants et les manuels scolaires*, Unesco (1986).

Montessori Maria, *L'Éducation et la Paix*, Desclée de Brouwer (2001).

Mosse George Lachman, *L'Image de l'homme. L'invention de la virilité moderne*, Pocket (1997)

Perrot Michèle, *Les Femmes ou Les silences de l'histoire*, Champs-Flammarion (1998)

Riot-Sarcey Michèle, *Histoire du féminisme*, La Découverte (2002)

Vincent Sandrine, *Le Jouet et ses usages sociaux*, La Dispute (2001)

Tabet Paola, *La Construction sociale de l'inégalité des sexes. Des outils et des corps*, L'Harmattan (1998).

Tap Pierre, *Masculin et féminin chez l'enfant*, Privat (1985)

Tisseron Serge, *Enfants sous influence : les écrans rendent-ils les jeunes violents ?*, Armand-Colin (2000)

Welzer-Lang Daniel, Filiod Jean Paul, *Les Hommes à la conquête de l'espace... domestique*, Éditions de l'Homme (1993)

ARTICLES, ÉTUDES

Chaumier Serge, *Les Jouets sexués* disponible sur : www.ulg.ac.be/ferulg/chaumiertexte.pdf

Chaumier Serge, *La Production du petit homme* disponible sur : http://publisexisme.samizdat.net/ProdPetitHomme.rtf

Chaumier Serge, « Fête des enfants ! Ou comment l'imaginaire social construit l'identité sexuée : lecture critique des catalogues de jouets » in *Au palais de dame Tartine*, ouvrage collectif sous la direction de Diasio Nicoletta, L'Harmattan (2004)

Daflon Novelle Anne, « Sexisme dans la littérature enfantine : quels effets pour le développement des enfants ? », in *Cahiers internationaux de psychologie sociale* (2003)

Réseau-Solidarité, étude *Des jouets fabriqués dans la douleur* (voir www.peuples-solidaires.org).

Turin Adela, *Quels modèles pour les filles ? Une recherche sur les albums illustrés* (2004)

Vincent Sandrine, « Des jouets qui cachent bien leur jeu », *Sciences humaines* (août-septembre 2004)

SITES INTERNET

www.ducotedesfilles.org

Site de l'association européenne Du côté des filles dont le but est d'élaborer un programme d'élimination du sexisme dans le matériel éducatif et de promouvoir des représentations antisexistes.

www.sisyphe.org

Site qui réunit un grand nombre d'articles féministes sur des questions diverses et variées. Très fourni.

www.lesptitsegaux.org

Ce site conçu par la mission départementale aux Droits des femmes et à l'égalité de la Haute-Savoie propose un répertoire d'activités visant la promotion de conduites non sexistes entre filles et garçons de maternelle et de primaire.

www.lab-elle.org

Cette association suisse propose une liste d'albums destinés aux enfants de 0 à 10 ans qu'elle a labellisé « attentifs aux potentiels féminins ». Elle décerne par ailleurs chaque année deux prix Lab-elle à des livres jeunesse.

http://homoedu.free.fr

Site de ressources pédagogiques et éducatives relatives à la thématique homosexualités/homophobie et éducation.

www.nonviolence-actualite.org

Le site du Centre de ressources sur la gestion non-violente des relations et des conflits, implanté dans le Loiret, avec des outils pour prévenir les violences et promouvoir l'éducation à la paix : fiches pédagogiques, bibliographie, contacts d'associations, etc. Cette structure vend par correspondance un panel de jeux coopératifs (www.jeux-cooperatifs.org) et édite chaque année un guide des ressources très fourni sur l'éducation à la non-violence. Tél. : 02 38 93 67 22.

http//codej.free.fr

Le CoDEJ (Comité de développement de l'espace pour le jeu), basé à Paris, fait la promotion d'un environnement de qualité destiné aux enfants et aux jeunes, conçoit et réalise des aires de jeu en concertation avec les habitants, met à disposition son fonds de documentation et publie des dossiers autour de démarches innovantes.

JEUX

www.alf-ludotheques.org

Le site de l'Association des ludothèques de France, groupe issu du mouvement d'éducation populaire. Pour trouver les coordonnées de la ludothèque la plus proche de chez soi, parmi les 1150 ludothèques que compte l'Hexagone.

www.festijeux.com

Cette association grenobloise tente de réhabiliter des jeux traditionnels du monde entier en parcourant places de villages, salles des fêtes et festivals dans toute la France.

www.jeux-cooperatifs.org

Cette structure vend par correspondance un panel de jeux coopératifs.

http://kaloumba.com

Association de découverte, de fabrication et d'animation de jeux du monde en bois, basée à Fontenay-sous-Bois, qui utilise les capacités du jeu à des fins socialisantes et éducatives.

www.wellouej.com

Site de l'association lilloise Wellouëj, qui développe l'accès à la culture ludique pour tous et participe à la conservation du patrimoine ludique régional et mondial. Avec une bibliographie très fournie et des plans de jeux à fabriquer soi-même.

www.casse-noisettes.be

Site d'un magasin de jouets en bois et de jeux de société coopératifs situé à Bruxelles, avec de nombreuses descriptions de jeux.

http://perso.orange.fr/jeux.de.traverse

L'association Jeux de traverse, dans le Pas-de-Calais, propose une sélection de jeux coopératifs en bois.

TABLE DES MATIÈRES

INTRODUCTION 5

_ L'APPRENTISSAGE DU SEXISME 6

_ POURQUOI LES JOUETS SONT POLITIQUES 14

LE SEXISME DANS LES JOUETS 19

_ PETIT HISTORIQUE DU SEXISME DANS LES JOUETS 20

_ LES JOUETS DU PREMIER ÂGE 23

_ LA CONSTRUCTION DE LA FÉMINITÉ 25

_ LA CONSTRUCTION DE LA VIRILITÉ 41

_ LA NORME HÉTÉROSEXUELLE 58

_ JOUETS SEXISTES OU USAGE SEXISTE DES JOUETS ? 64

_ LE MARCHÉ DES JOUETS SEXISTES 71

ALTERNATIVES ET LUTTES 79

_ QUELLES ALTERNATIVES ? 80

_ POUR UNE SOCIALISATION ALTERNATIVE DES JEUNES ENFANTS PAR LE JEU 88

_ À QUOI RESSEMBLENT LES LIVRES DE JEUNESSE NON SEXISTES ? 95

_ EXPÉRIENCES ET TÉMOIGNAGES 99

_ LA CAMPAGNE CONTRE LES JOUETS SEXISTES 118

CONCLUSION : POUR UNE SOCIÉTÉ NON SEXISTE 125

GLOSSAIRE 130

NOTES 135

PRÉSENTATION DES ASSOCIATIONS 145

BIBLIOGRAPHIES 147

_ BIBLIOGRAPHIE JEUNESSE 147

_ BIBLIOGRAPHIE GÉNÉRALE 154

_ SITES INTERNET 157

_ JEUX 158